山本式「レストポーズ」筋トレ法

たった2分で確実に筋肉に効く

山本義徳

青春新書
INTELLIGENCE

はじめに

近年、トレーニングが科学的に検証されるようになって、筋トレ常識は大きく変わりました。筋肉を効率的に鍛えるための方法論もずいぶんと刷新されています。

たとえば、筋トレに次のようなイメージを抱いていないでしょうか？

□筋肉は〝超回復〟によって大きくなる
□筋肉は追い込めば追い込むほど鍛えられる
□重いウエイトを使ってトレーニングするほど、筋肉は大きく、強くなる
□筋肉は縮むときに力を発揮するので、筋トレでも縮めるときに特に力を入れる
□1種目＝10回（レップス）×3セットが筋トレの基本だ
□筋トレは毎回、時間をかけてじっくり取り組む

これらは、すべて科学的に正しくない筋トレ常識です。この昔ながらの考え方に従って筋トレを頑張っても、思うような成果を上げられない可能性は高いでしょう。

実は、せっかく「筋肉を鍛えよう！」「理想の身体を作りあげよう」と思いたってトレーニングジムに入会しても、1年後に続いている人はわずか10％程度と言われます。

あるいは、自宅で自重トレーニング（自分の体重を利用したトレーニング）を始めても、3日坊主で終わってしまう人が少なくありません。

その最大の原因は、「効果を感じられない」から。キツい思いに耐えて筋トレをしても、思うような成果が上がらなければ、続ける意欲がなくなるのも、当然と言えば当然でしょう。

忙しい毎日の中、貴重な時間を割いて筋トレをするからには、効率的に筋肥大（バルクアップ）や筋力アップを実感したい――そんな人におすすめの科学的筋トレ法があります。

それが本書で紹介する「レストポーズ法」です。

「レストポーズ法」がどんな方法なのかは本文で詳しく解説しますが、その特長は、超短時間（1部位2分程度〜）でできるところにあります。だから、忙しいビジネスパーソンや学生の方でも無理なく取り入れられます。トレーニング頻度も週2〜3回で十分。

もちろん、超短時間で行えるということは、それだけキツいということでもあります。ですが、その2分間さえ頑張ることができれば、最短・最速でバルクアップや筋力アップ効果を実感できるトレーニング法です。それこそが「レストポーズ法」の最大のメリットです。

「レストポーズ法」は、プロスポーツ選手やトップアスリートが、短期間で効率的に筋力アップを目指すトレーニング法として行われてきました。そのため、筋トレ上級者でなければそのまま実践するのは難しいところもあります。そこで、初・中級者向けに、私がアレンジした「レストポーズ法」も紹介しました。

ぜひ、本書を参考に「レストポーズ法」を筋トレに取り入れ、その効果のすごさを実感していただきたいと思っています。そして、遠からず、理想とする身体を手に入れてほしいと願っています。

山本義徳

山本式「レストポーズ」筋トレ法　目次

第1章

トレーニングを始める前に知っておきたい筋トレの最新科学

第2章　最短・最速で効果を上げる「レストポーズ法」とは

第3章

実践！鍛えたいところを集中的に鍛える【部位別】レストポーズ法

目　次

第4章

最短・最速で体を作る「レストポーズ法」筋トレプログラム

第5章 筋トレ効果をさらに高める食事&生活習慣

本文イラスト／中川原透
／iioputra（Abobe Stock）
図版作成・DTP／エヌケイクルー

第1章

トレーニングを始める前に知っておきたい筋トレの最新科学

◆「筋肉は〝超回復〟によって大きくなる」は間違いだった！

本書では、忙しいビジネスパーソンや学生が、短時間・短期間でもっとも効率よく筋肉を発達させる（筋肥大＝バルクアップ）ための筋トレ法を紹介していきます。短時間・短期間で効率よくバルクアップさせるために、まずは筋肉がどのようにして大きく、強くなっていくか、その最新理論を押さえておきましょう。

筋トレをすれば筋肉が増える。当たり前のようですが、なぜ重りを持ち上げることで筋肉が増えるのでしょうか。

「超回復によって、筋肉は大きく、強くなる」。ひと昔前までは、そのように考えられていました。

超回復のメカニズムとは、次のようなものです。

トレーニングによる刺激を受けると、その部位の筋肉は損傷して疲労困憊し、ダメージを受ける。その後、少しずつ回復して、36～72時間ほど経つと、元の水準に戻る。さらに時間が経過するにつれ、「また同じような刺激を受けたときに筋肉が壊れてしまわないよう、以前よりも筋肉を大きく、強くしておこう」とする作用が起こり、筋肉は元のレベル以上に大きく、強くなる――この現象が「超回復」と呼ばれる現象で、筋肉はこの繰り返しで発達していくと考えられてきました。

しかし、科学的な研究が進むにつれて、そうではないことがわかってきました。筋肉の超回復は、実は「グリコーゲンの超回復」と混同されてきたのです。これについて説明しましょう。

ご飯やパスタなどの糖質は、体内に吸収された後、グリコーゲンという物質になって筋肉や肝臓にエネルギー源として貯蔵されます。マラソンやトライアスロンなどの持久系の選手は、レースの前にエネルギー源を溜め込む必要がありますが、このときに「グリコーゲン・ローディング（カーボ・ローディング）」というテクニックを使います。

食事を減らしながら、ハードなトレーニングを続けると、体内に蓄えられていたグリコーゲンがエネルギーとして消費され、枯渇します。そのタイミングで糖質を大量に摂ると、グリコーゲンを素早く回復させようとする機能（グリコーゲンの超回復）により、通常よりも多くのグリコーゲンを体内に充填《じゅうてん》（ローディング）することができます。その状態でレースに望むと、より多くのエネルギーを利用でき、持久力を発揮できるというわけです。

このように一度減少したグリコーゲンが短期間で元の水準よりも多くなる現象があり、それがいつしか筋発達のメカニズムとして混同されるようになっていたのです。

超回復の理論では、トレーニング直後に筋肉の能力が落ちることになりますが、実際はそうではありません。

実は、筋肉はトレーニング直後から発達を開始するのです。これを専門的には「筋タンパクの合成（アナボリズム）がはじまっている」と言います。そのいっぽうで、トレーニング直後は、トレーニングによるストレスによって、「筋タンパクの分解（カタボリズム）」も起こっています。

トレーニングをする、しないにかかわらず、筋肉は日常的に合成と分解が行われているのですが、合成と分解のバランスが取れていると、筋肉は増えも減りもしません。しかし、

（図表1-1）グリコーゲンの超回復と混同されていた「筋肉の超回復」理論

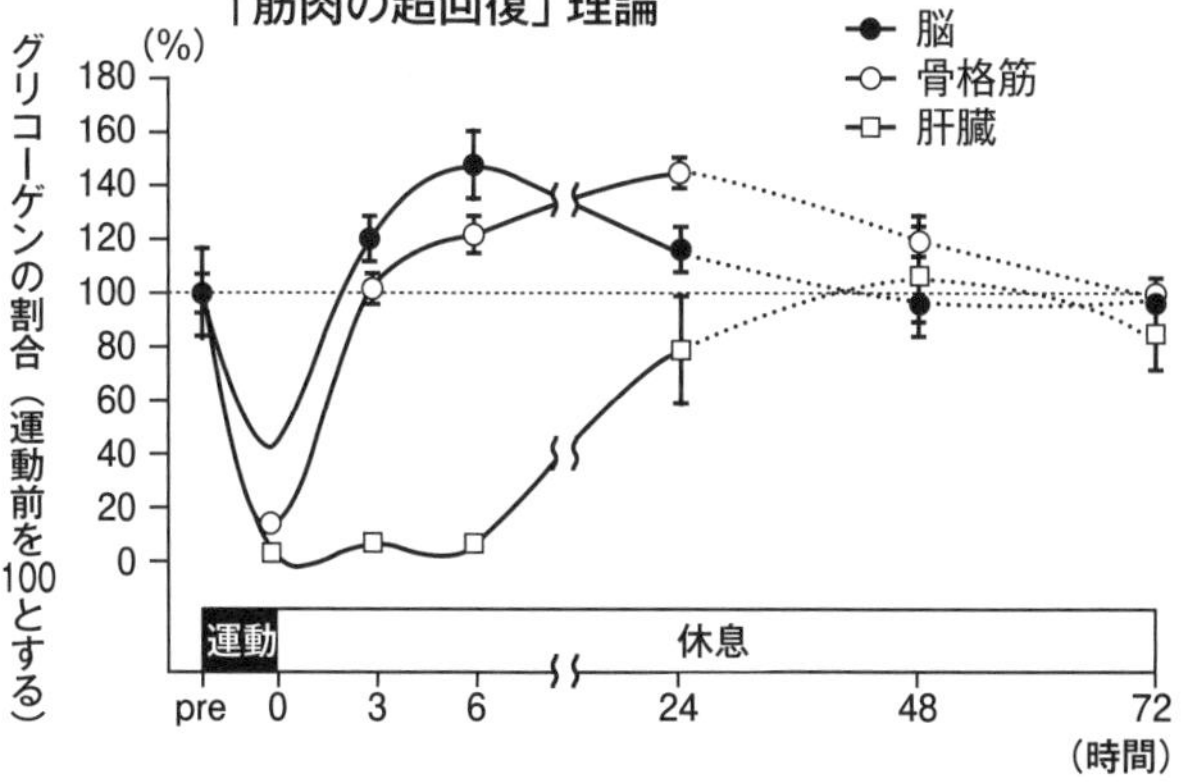

Takashi Matsuiら(2012).
Brain glycogen supercompensation following exhaustive exercise
The Journal of Physiology, 590, 607-616

トレーニングによって筋肉の合成と分解が激しく起こり、そのバランスが合成に傾くことで、筋肉が増えていくというわけです。

では、どのようなトレーニングをすれば、筋肉の合成が分解を上回るのでしょうか。

ハードなトレーニングをすればするほど筋肉が発達するように思われますが、そうではありません。ハードにトレーニングすれば分解が長く続くいっぽうで、合成はそれほど高まりません。

そのため「最低限の刺激」で合成を促し、分解を最小限に抑えることが重要です。この考え方が後述の「１０１の刺激」理論につながってきます。

◆筋肉はこの「3段階」の反応で発達していく

筋肉の肥大のメカニズムを、もう少しマクロな視点で見ていきましょう。

私たちの身体は寒冷や騒音、放射線のように正常な生命活動をおびやかすものに直面すると、それらから身体を守ろうとします。

この「正常な生命活動をおびやかすもの」を「ストレッサー」と呼び、ストレッサーによって身体が起こす反応のことを、「ストレス」と呼びます。

ストレッサーにはいま挙げた例のような物理的要因だけでなく、怒りや不安のように精神的なものや、ケガや病気など生物的なもの、また薬物による化学的なものもあります。

もちろん、ハードなトレーニングもストレッサーとなります。

そして私たちの身体はストレスを受けると、それに「適応」しようとします。この「適応」は3段階に分けられ、それぞれ「警告反応期」、「抵抗期」、「疲弊期」と呼ばれます。

さらに警告反応期は「ショック相」と「抗ショック相」とに分けられます。

（図表1-2）筋合成に欠かせない「ストレス適応」の3段階

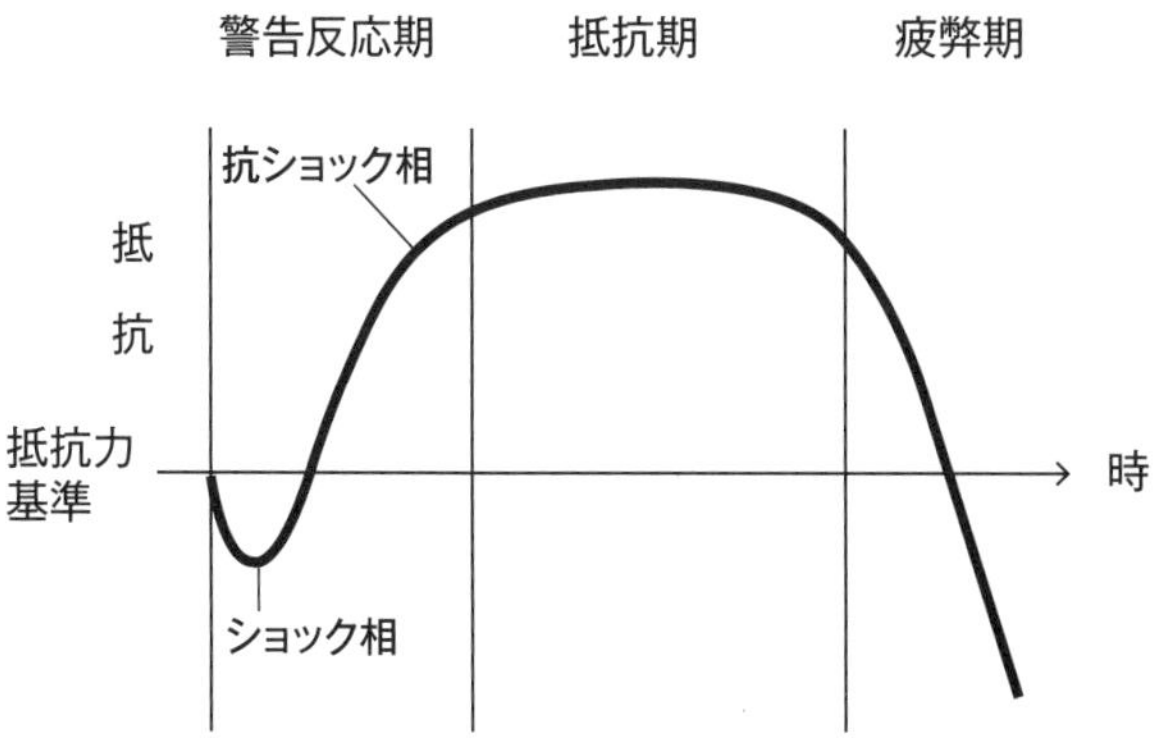

ハンス・セリエ『現代社会とストレス』（法政大学出版局・1988）

これを身近な例で解説してみましょう。空手の経験がまったくない人が、いきなり巻き藁《わら》を叩きはじめたとします。

最初の日は、拳《こぶし》が痛くなるはずです。これが「ショック相」です。しかし1日もすれば痛みは消えるでしょう。それが「抗ショック相」です。

そして巻き藁を叩き続けるうちに、拳《けん》ダコができてきます。それを続けると、拳ダコは少しずつ大きくなっていきます。それが「抵抗期」です。

しかし連日何時間も無理に叩き続けると、今度は拳ダコが破れ、逆に拳を痛めてしまいます。それが「疲弊期」です。

筋トレを例にとると、最初のうちは筋肉痛が起こります（警告反応期：ショック相）。そして数日すると、筋肉痛が消え（警告反応期：抗ショック相）、筋肉が発達していきます（抵抗期）。この筋肉痛発生（ショック相）→筋肉痛消失（抗ショック相）→筋肉発達（抵抗期）の繰り返しで、筋肉がどんどん大きく、強くなっていくのです。

しかし、筋肉痛が何日も消えないほどの負荷をかけたり、筋肉痛を抱えながら無理に筋トレをしたりするなど、筋トレをハードにやりすぎると、オーバートレーニングとなって「疲弊期」に入ってしまいます。すると逆に筋肉が落ちたり、ケガをしたり、免疫が低下して体調が悪化したりするのです。

警告反応期ではストレスに身体がビックリしている状態、抵抗期はストレスに身体が適応してきている状態、疲弊期はストレスに身体がやられてしまっている状態と考えてください。

先の筋肉の「合成」と「分解」に当てはめると、警告反応期においては合成と分解が同時に起こり、抵抗期は合成が分解を上回っており、疲弊期では分解が合成を上回っている状態と言うことができます。

◆「追い込めば追い込むほど、筋肉は鍛えられる」の大誤解

ここまで書いてきたように、「ハードにやればやるほど良い」と追い込んでトレーニングするのはもう昭和の発想。すでにおわかりだと思いますが、疲弊期に陥らせないこと、抵抗期を長く続けることこそが、筋トレの効果を持続させるコツです。

やりすぎて疲弊期に陥ってしまうと、分解が合成を上回って、筋肉が落ちてしまったり、ケガの原因になったりもします。ハードなトレーニングをしても、頑張ったほどの効果を期待できなくなってしまうということです。

では、どれくらいの刺激を与えれば身体はそれをストレスとして捉え、適応して筋肉を発達させようとするのでしょうか。

これは非常に単純な話です。現在の筋肉の能力が１００だとしたら、１０１の刺激だけ与える。それで十分なのです。

これがもっと強い刺激、たとえば200の刺激を与えたらより筋肉が発達するのかというと、そうはなりません。

家の電灯を点《つ》けるときのことを考えてみましょう。スイッチを1回押せば、それで電灯は点きます。ストレス応答反応における警告反応期を迎えられたということです。

200の刺激を与えるというのは、スイッチを強く押す、あるいはスイッチを押し続ける、ということであり、すでに電灯が点いている状態なのであれば、どちらもまったく無駄な行動です。筋トレで言えば、身体にとって「これはストレスだ」と判断されれば、それで十分な刺激だということです。

むしろ、余計な刺激を与えることは、回復を遅らせ、オーバートレーニングにつながりかねません。ハードにトレーニングすることで分解は簡単に進むのに対し、合成はそれほど進みません。つまり必要以上にやればやるほど、「合成 －《マイナス》 分解」の差が大きくなっていき、筋トレ効果が落ちてしまうのです。

では、どの程度のトレーニングなら、101の刺激を与えられているのでしょうか。

それは、トレーニングを行った後（半日〜数日後）に筋肉痛が発生していれば、明らかに101以上の刺激は与えられています。そのうえで、初中級者であれば同じ部位のトレーニング２〜３回ごとにウエイトの重量や回数を少しずつでも増やすことができていれば、筋合成はうまくいっている証拠です。

逆に、筋肉痛が何日も続いたり、ウエイトの使用重量や上げ下げできる回数がいつまで経っても増えてなかったりするのであれば、無駄に強い刺激を与えているだけで、バルクアップが思うように実現していないと言えます。

残念ながら、ジムに行くと、ハードにトレーニングしているところをアピールしている人が結構います。何時間もハードにトレーニングし、何日も筋肉痛になる。それではトレーニングをやったという自己満足感は得られても、筋肉を効率的に大きく、強くすることはできないのです。

◆筋肉を発達させるための「物理的ストレス」と「化学的ストレス」

ここで「101の刺激」について、もう少し具体的に考えてみましょう。

ご存じの方も多いと思いますが、筋トレの世界では、ストレッサーであるウエイトなどの上げ下げの回数をレップ（Repetition〈繰り返し・反復の意〉の略）で表します。たとえば、80kgのベンチプレスを10回上げ下げしたら、10レップス行ったと言ったりします。

そして、その人がギリギリ1回挙上できる重さを1RM（Repetition Maximum）として、自分のトレーニングの基準にしています。一般的に、10レップスがギリギリできる目安は、1RMの75~80%のウエイトです。つまり、100kgのベンチプレスをギリギリ1回上げられる人であれば、75~80kgでは10回程度上げられるということになります。

それを踏まえて、101の刺激を考えていきます。

まず、筋肉が発達するときのストレッサーとして一番重要なのは、「機械的物理的ストレス」です。

一般的なウエイトトレーニング、すなわち１ＲＭの70～90％の重量で行うヘビーなトレーニングは、まさに筋肉に機械的物理的ストレスを与える作業に当たります。重い重量で行うトレーニングが筋肉を大きく、強くするストレッサーになることは十分に想像ができるでしょう。従来は、これがバルクアップを実現するためのトレーニングの常識でした。

しかし最近になって、軽い重量でのトレーニングも、同じように筋発達を促すことが判明しました。

もともと軽い重量で多くの回数のトレーニングを行うと、細胞内にあってエネルギーを作りだすミトコンドリアを活性化させ、筋持久力が高まることはよく知られていました。

それとともに、１ＲＭの30～40％程度の重量で多くの回数をこなすことにより、筋肉内に水素イオンやアンモニアなどの疲労物質が蓄積し、同時に、酸素やＡＴＰ、クレアチンリン酸の不足、活性酸素の発生などが起こります。このような筋肉内の環境悪化が、筋肉に「化学的ストレス」を与え、筋発達を促すことがわかってきたのです。

筋肉は、筋タンパク合成酵素が活性化して、筋肉のタンパク質が増えることで発達していきます。その際、物理的刺激・化学的刺激のどちらであっても、筋タンパク合成酵素を活性化させることが明らかになったのです。

腕立て伏せ（プッシュアップ）を例にとりましょう。トレーニング初心者でギリギリ10回くらいしかできなかったとします。このような場合は、自体重（自重）による腕立て伏せ10回でも、その人にとってはヘビーな負荷（1RMの75～80％程度）になります。

この場合は「物理的なストレス」を筋肉に与えていることになります。これによって筋肉に炎症が起こり、筋肉痛が起こります。一般的な筋トレは、この方法を指します。

いっぽう、トレーニング経験者であれば、30回くらいはできるかもしれません。10回やった時点ではなんということはなく、物理的ストレスはそれほどかかりません。でも、正しいフォームで腕立て伏せを行えば、たいてい20回くらいからキツくなり、30回の時点では筋肉がパンパンになっているはずです。

このパンパンになっているときこそ、化学的ストレスが与えられているのです。もちろん物理的刺激でも少量の化学的刺激は与えられるため、筋肉はある程度パンパンになりますが、化学的刺激をメインで与えたときほどではありません。

ひと昔前までは軽い重量だと筋肉は発達しないと言われていましたが、いまは常識が変わりました。軽い重量でもパンパンになるまでやれば、筋肉は十分に発達し、バルクアップが見込めるのです。

そして、最近の研究の多くが、化学的刺激でも物理的刺激と同等の筋肥大を起こすことを示しています。

◆「物理的ストレス」と「化学的ストレス」をどう使い分けると効果的か？

では、筋トレの際、物理的刺激と化学的刺激をどう使い分けるのがいいのでしょうか。

結論から言うと、「筋肥大（バルクアップ）が目的ならどちらでも同じ。筋力アップが目的なら重い重量でやるほうが良い」と言えます。ただし、あまりに軽すぎるとストレスになりませんし、逆に重すぎてもフォームが崩れやすく効果的ではありません。

ギリギリ1回できる重量のことを1RMと言うことはすでに書きましたが、物理的刺激を狙うなら1RMの70～90％、化学的刺激を狙うなら1RMの30～50％といったところで重量設定することをおすすめします。

ただし、よほどの筋トレ上級者でないかぎり、ギリギリ1回できる重量は測定しにくいものです。そのため、5～15回がギリギリできる重量だと物理的刺激、20～40回がギリギリできる重量なら化学的刺激だと考えるのが現実的でしょう。

また、人間の身体は同じような刺激が続くと慣れが生じるという特性があります。物理的刺激のトレーニングばかりを続けたり、逆に、化学的刺激のトレーニングばかりを続けたりすると、筋肉が慣れてしまい、受ける刺激に対して反応が鈍くなりがちです。

そのため、物理的刺激を与えるトレーニングを行ったり、化学的刺激を与えるトレーニングを行ったりするなど、両者をミックスさせて、鍛えたい筋肉に対して、双方からの刺激でアプローチするのが効果的なのです。

◆「1種目3セット」の筋トレ常識は、もう古い

筋トレにおいては、「セット」という概念があります。腕立て伏せを10回やり、それ以上できなくなったのでストップしたとします。これで「腕立て伏せを1セットやった」となります。そして少し休みを置いて、また腕立て伏せを再開します。ただし、今度は筋肉が疲れているので10回はできず、８回までできました。これで「2セットやった」ことになります。

このように、間にインターバルをおけば、何セットでもできることになりますが、では、理想的には何セットやるのがいいのでしょうか？

あまり少ないと十分なストレスを与えられず（警告反応期を迎えられず）、多いと疲弊期に入ってしまいます。バルクアップに最適なセット数はどれくらいなのでしょうか。

ここで筋トレ界におけるセット数の変遷について見ていきましょう。

近代ウエイトトレーニングの父と呼ばれるユージン・サンドウは、１８６７年に生まれ、自己流で筋トレをはじめて１８８９年には怪力コンテストで優勝するにいたっています。

彼が１８９７年に著した『Strength And How To Obtain It』には、全身を鍛えられる

19種類のエクササイズが紹介されており、トレーニングには1日15分も割けばよいと書かれています。19種類を15分でやるわけですので、1種目1セットです。

そして多くの人が筋トレをするようになり、1種目につき2セット、3セットとやる人が増えてきます。しかし、それではトレーニング時間が長くなり、後半は疲れきってしまいます。そこで「分割法」が出てきました。

これは1日で全身をトレーニングするのではなく、今日は胸、明日は背中というように身体の各部位を別々の日に行う方法です。この方法だと1日に鍛える部位が減りますので、1つの部位に対して多くのセット数を割り当てることができます。

ボディビルダーとしてアーノルド・シュワルツェネッガーが活躍する頃（世界でももっとも権威あるボディビルの大会「ミスター・オリンピア」で、1970年に史上最年少で優勝し、以降6年連続優勝）までは、数多くのセット数をこなすトレーニングが当然のように行われてきました。

しかし１９７０年代になり、ボディビル界の鬼才アーサー・ジョーンズが登場。彼は自らの開発したノーチラスマシンを使えば、各エクササイズとも「１セットで十分だ」と主張しました。

ノーチラスとはオウム貝のこと。ノーチラスマシンはマシンのカムを円ではなくオウム貝のような形状に工夫することにより、筋肉に最適の負荷をかけられるように設計されたもので、現在でも日本の一部のスポーツクラブに置かれています。

フリーウエイトを用いたバーベルやダンベルのエクササイズの場合、重力の関係で負荷が抜けたり強くなったりする関節角度があります。しかしノーチラスマシンはすべての関節角度で最大の負荷をかけられるため、１セットで十分であるというのが彼の主張でした。

１セットでＯＫということは、トレーニング時間を劇的に短くすることができます。彼の主張は多くのトレーニー（トレーニングをしている人）に受け入れられるとともに、ノーチラスマシンも爆発的に売れました。特にスポーツクラブにおいては「１セットだけ」のトレーニングだと会員の回転が良くなるため、クラブオーナーにも大いに喜ばれたのです。

◆正しい筋トレなら1セットで十分!?

では、本当に1セットで効果はあるのでしょうか。

それを実証するためにアーサー・ジョーンズが行ったのが「コロラド実験」と呼ばれるものです。この実験はMr.アメリカにもなったボディビルダーであるケイシー・ヴィエタを被験者とし、1973年5月1日から同年の5月29日まで行われました。

行ったエクササイズは平均で1回に12。つまり1セットを12エクササイズです。インターバルは短めで、トータルのトレーニング時間は平均で33・6分だったとのこと。頻度は週3回でした。

その結果、わずか1ヶ月にも満たないこの期間のうちに、ケイシー・ヴィエタは27kgもの筋肉増量に成功したのです。つまり、適切なトレーニングを行えば、1セットでも十分であることを証明してみせたのです。

もちろん、この実験については批判も多く、「ケイシー・ヴィエタはトレーニングをしておらず、筋肉が削《そ》げ落ちた状態でこの実験に参加した。だから筋肉が増えたのではなく、一度落ちた筋肉が元に戻ったに過ぎない」といった疑義も呈されました。

その後も、有効なセット数について、さまざまな研究・実験が行われました。1セットだけの場合と、それ以上のセット数を行った場合とで比較し、筋力も筋肥大も効果に違いはないとの結論を導き出した研究（Carpinelliら）があるいっぽうで、逆に、2～3セット行うほうが1セットに比べ、筋力向上効果が46％高くなるという結論を14の論文から導き出す研究者も出てきました（Kriegerら）。

このように筋トレに有効なセット数については、1セット派と複数セット派とで意見が対立してきました。

最近では、２０１５年に行われた研究（Jamesら）があります。トレーニング経験者を対象に、背筋力を鍛えるマシンを1セット群と3セット群とに分けて行ったものです。その結果、どちらも筋力向上において6週間後の効果に違いはみられませんでした。

この研究の期間は6週間ですが、もっと長期に行った場合はどうでしょうか。13週間にわたって42名のトレーニング経験者を対象にした研究（Hassら、2000）では、やはり1セット群も3セット群も同等の向上だったと結論づけています。

いずれの実験も、1セット群も3セット群も、使用した負荷は同じで、セット数だけを変えただけなので、1セットでも3セットでもトレーニング効果は同等であるという結論になります。

これらの研究結果を総合してみると、ある程度のトレーニング経験者で、適正な負荷（101の刺激）をかけられるのであれば、1セットでも十分に効果を得られると言えそうです。

ただし、初心者や筋肉量の少ない女性の場合、正しいフォームでトレーニングができず、狙った筋肉にうまく効かせられなかったり、筋肉量が少ないために回復が早かったりする可能性が考えられます。その場合は1セットだけでなく数セットやるほうが効果的なケースもあるでしょう。

◆効果的な筋トレをしたかったら「10レップス」にこだわらない

前述したように、筋トレ界では回数のことを「レップス（Reps）」と呼びます。「腕立て伏せを10回やった」を、「プッシュアップを10レップスやった」と言い換えることで、なんとなくツウになった気がしそうです。

重い重量で少なめの回数だと物理的刺激、軽い重量でパンパンになるまで多くの回数をやると化学的刺激だと書きましたが、家で行う筋トレだと自重でのトレーニングが主となるでしょう。それでも十分に化学的刺激を与えられます。

もしジムに行けるのでしたら、そのときは重いウエイトを扱って物理的刺激を与えるようにしましょう。前にも書いたように、化学的刺激だけ、物理的刺激だけでは筋肉は慣れてしまいます。両者をミックスさせて身体をストレスに慣れさせないことが、常に「警告反応期→抵抗期」をキープする秘訣です。

ちなみに、筆者はこの考え方を発展させたトレーニングを「マンデルブロ・トレーニング」と名づけました。

「マンデルブロ」とは、複素平面上において、ある定義で表される点の集合のことです。その特徴は、いわゆるフラクタルな図形が現れるということ。この場合、境界線は無限の長さとなり、しかしトポロジー的にはただの円と同じ。変化を重ね、一つとして同じ図形は存在しません……と書いても、なんのことやらわからないかもしれませんが、実は筆者もよくわかっていません。

要は「形が似ているようで同じではなく」「無限の広がりがあり」「それぞれがバラバラに離れているようでも、実はすべてがつながっている」というのがマンデルブロ集合の特徴だということ。

つまり、筋トレにおいても、一つの筋肉（群）に対して一つのトレーニングではなく、さまざまな角度から複数の方法で刺激を与えることで、それらが複合的に絡み合って、より効果的な筋発達につながっていく、というのが、私の提唱する「マンデルブロ・トレーニング」です。

具体的にどういうものなのか。マンデルブロ・トレーニングは上級者向けですが、ここでは簡単にプログラムの一例を紹介しておきましょう。

☆マンデルブロ・トレーニングの実践例

・Phase《フェイズ》1：8〜10レップスで構成するミディアムウエイトプログラム。
・Phase2：3〜5レップスで構成するヘビーウエイトプログラム。あるいはネガティブやレストポーズ法もエクササイズによっては取り入れる。
・Phase3：20〜40レップスで構成するハイレップスプログラム。

この3フェイズを「Phase1→Phase2→Phase3→Phase1に戻る」という順番で行うというものです。ネガティブやレストポーズ法については後述します。

Phase1では物理的刺激のうち、やや軽めの重量で行います。

Phase2では物理的刺激のうち、重いほうの重量で行います。

そしてPhase3では化学的刺激を狙います。物理的刺激を続けると関節への負担も大きくなるのですが、Ｐｈａｓｅ３を挟むことで関節の回復も狙います。

大事なことなのでもう一度書きますが、筋トレにおいては、トレーニングのストレスに身体が慣れてしまわないよう、物理的ストレスと化学的ストレスをサイクルさせ、常に新しい刺激を与えていくことが大切です。

マンデルブロ・トレーニングではそれが可能となります。また軽い重量での化学的刺激であるＰｈａｓｅ３を取り入れることで関節の回復を得られるということも、大きなメリットとなります。

◆筋トレで大事なのは「上げる」ではなく「下ろす」

筋肉が力を発揮するときは、筋肉が伸び縮みします。

筋肉が縮みながら力を発揮することを「コンセントリック」と呼び、コンセントリックの動作を「ポジティブ」と呼びます。

(図表1-3)筋肉が力を発揮する3つの動作

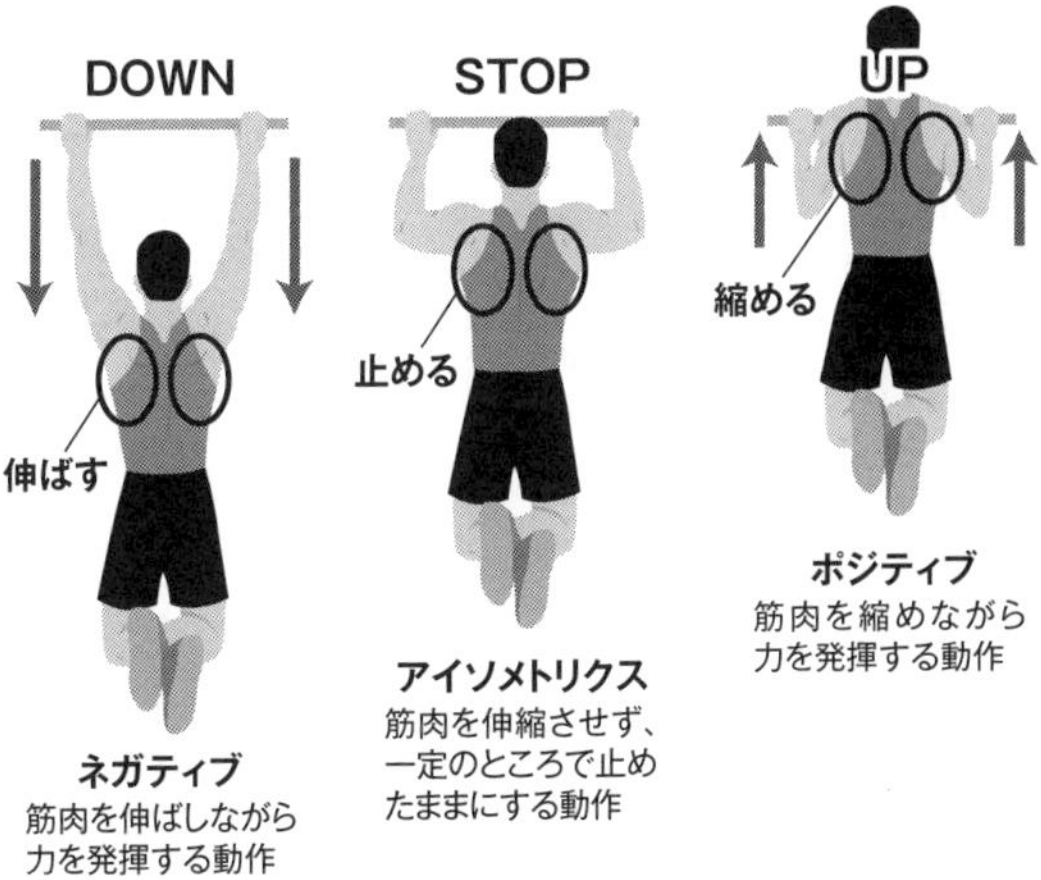
DOWN
伸ばす
ネガティブ
筋肉を伸ばしながら
力を発揮する動作
STOP
止める
アイソメトリクス
筋肉を伸縮させず、
一定のところで止め
たままにする動作
UP
縮める
ポジティブ
筋肉を縮めながら
力を発揮する動作

逆に、筋肉が伸びながら力を発揮することを「エキセントリック」と呼び、エキセントリックの動作を「ネガティブ」と呼びます。

もう一つ、筋肉が同じ長さを維持したまま力を発揮することを「アイソメトリック」と呼び、アイソメトリックの動作を「アイソメトリクス」と呼びます。

懸垂《けんすい》を例にとると、身体を持ち上げるときがポジティブ（広背筋などが縮む）、身体を下ろすときがネガティブ（広背筋などが伸びる）、身体を一定の状態でキープしているときがアイソメトリクス（広背筋などの長さが維持される）となります。

３つの動作のうち、一番キツイのはもちろ

んポジティブで、比較的ラクなのはネガティブです。そのため、ネガティブはポジティブのおおよそ140~170%くらいの筋力を発揮できると言われています。よって、この2つの動作のトレーニングを比べた場合、ネガティブのほうが筋力増強・筋肥大効果は高くなります。

最近では新潟医療福祉大学が上腕二頭筋のネガティブトレーニング（実験では、アームカール運動の3秒下ろしを6回1セット、週5回。ポジティブ動作では補助を使って、力を使わずに上まで持ち上げる）を行うことで、4週間で10%以上の筋力増加が起こることを示しています。いっぽう、ポジティブエクササイズではそれほどの結果は得られませんでした。

筋力が伸びやすいのはネガティブのほうが高重量を扱えるからでもありますが、筋肥大においてもネガティブは有利です。

私たちの身体は36兆個もの細胞から成り立っていると言われますが、細胞はそのままだとバラバラになってしまいます。よって、細胞の「接着剤」が必要です。この細胞の接着剤となるのが細胞外マトリックス（ECM）と呼ばれるもので、その主成分はコラーゲンです。

そして、ＥＣＭのコラーゲン生成が、このネガティブによる引き伸ばしの刺激によって強化されることがわかっています。コラーゲンは筋肉だけでなく腱《けん》や靭帯《じんたい》の材料でもあるので、ケガの予防にも役立ちます。

多くの報告・レビューにより、ネガティブエクササイズは筋肥大のほか、腱の強化に役立ったり、ケガからの回復を早めたりすることが示されています。

このことから言えるのは、筋トレで大事なのは上げるときではなく、むしろ下ろすときだということになります。丁寧にゆっくり下ろすことこそ、筋トレ効果を高めるコツなのです。

腕立て伏せを例にとれば、上げるときは普通のスピード（１～２秒）で上げて、下ろすときはゆっくりと３～４秒かけて下ろすようにする、ということです。そうすることによって、ポンポンとスピーディに行うよりもはるかに、筋力もバルクアップ効果も高めることができます。

◆セット間の有効なインターバルは1分？ 3分？ それとも…

ジムに行くと、次々とセットをこなしている人もいれば、マシンに座ってゆっくり休んでから次のセットに移る人もいます。セット間のインターバルはどれくらいが良いのでしょうか。

まずはインターバルがなぜ必要になるかを考えてみましょう。

物理的刺激を狙ったトレーニングの場合、使用重量が重くなるほど効果的です。そのためにはインターバルでは十分に休み、筋肉を回復させせなければいけません。短いインターバルで行うと使用重量は落ちますし、レップスもこなせなくなります。これでは十分な物理的刺激が与えられなくなります。

そのため強い物理的刺激を与えるには、長めのインターバルをとって、しっかり筋肉を休ませたほうが望ましいと言えそうです。

いっぽう、化学的刺激を狙ったトレーニングの場合は、インターバルは短いほうが良さそうです。しかし実際にやってみるとわかりますが、短いインターバルでどんどん行う方法だと、後半ではまともにレップスがこなせなくなります。

化学的刺激とは、「筋肉内環境のダイナミックな変化」が必要となります。短いインターバルでトレーニングの間じゅう常に疲労させた状態を保つよりも、ある程度のインターバルをとって回復させ、それなりの数のレップスを行ってその都度十分に疲労させたほうが、「変化」としては大きくなるのではないか、という考え方も成り立ちます。実際にどうなのでしょうか。

さまざまな長さのインターバルでトレーニング効果を比較した研究があります。16名の若い男性を対象に、1分間のインターバルと5分間のインターバルとで比較した研究（James ら、2016）では、1分インターバル群はタンパク合成が76％しか高まらなかったのに対し、5分インターバル群では152％も高まっていました。

また若い男性21名を対象に1分インターバルと3分インターバルとで比較した研究（Schoenfeld ら、2016）では、スクワットとベンチプレスの筋力、筋肥大においても3分インターバルのほうが高い効果を出していました。

さらに2008年に行われた研究（Bahmanら）でも、スクワットで筋力を向上させるためには、4分程度のインターバルをとることが最適だったと結論づけています。

またトレーニング経験者にベンチプレスとレッグプレスを行わせ、インターバルが1分の群と3分の群、5分の群に分けて16週間トレーニングを行い、筋力を比較した研究（Freitasら、2010）では、5分インターバル群が最大の効果を、1分インターバル群が最低の効果を示したのでした。


こうしてみると、だいたい3〜4分くらいはインターバルをとったほうが良さそうだという結論になります。

ただし、ここで紹介した研究は多くがトレーニング経験者を対象にしていますので、扱う重量も重くなり、セットが終わるとかなり疲労します。筋肉量も多いため、回復に時間がかかってしまいます。

しかし、初心者の場合は筋肉量が少なく、扱う重量も軽いため、比較的早く回復すると思われます。そのため初心者の方は2分程度のインターバルでもいいでしょう。トレーニングに慣れてきたら、少しずつインターバルを長くとるようにしていきます。
これは物理的刺激を与えるトレーニングでも化学的刺激の場合でも同じです。

◆トレーニングは週何回するのがベストか？

セット間のインターバルの目安がわかったところで、筋トレを1週間にどのくらいのペースで行ったらいいのかを見ていきましょう。印象としては、毎日行ったほうが早く筋肉が発達しそうに思われるかもしれませんが、実はそんなことはありません。むしろ、毎日筋トレをするのは筋肉の発達にとって逆効果なのです。

では、1週間にどのくらいのペースで行うのがいいのでしょうか。

先に、筋肉は合成と分解を繰り返しているとお伝えしました。合成が分解を上回ると筋肉が発達し、分解が合成を上回ると筋肉が減少してしまいます。

トレーニングをすると、直後は合成と分解がともに高まります。しかし、しばらくすると分解は合成よりも早く元のペースに戻ります（図表1－4）。つまり、トレーニング後、

(図表1-4)頻度の高いトレーニングが逆効果な理由

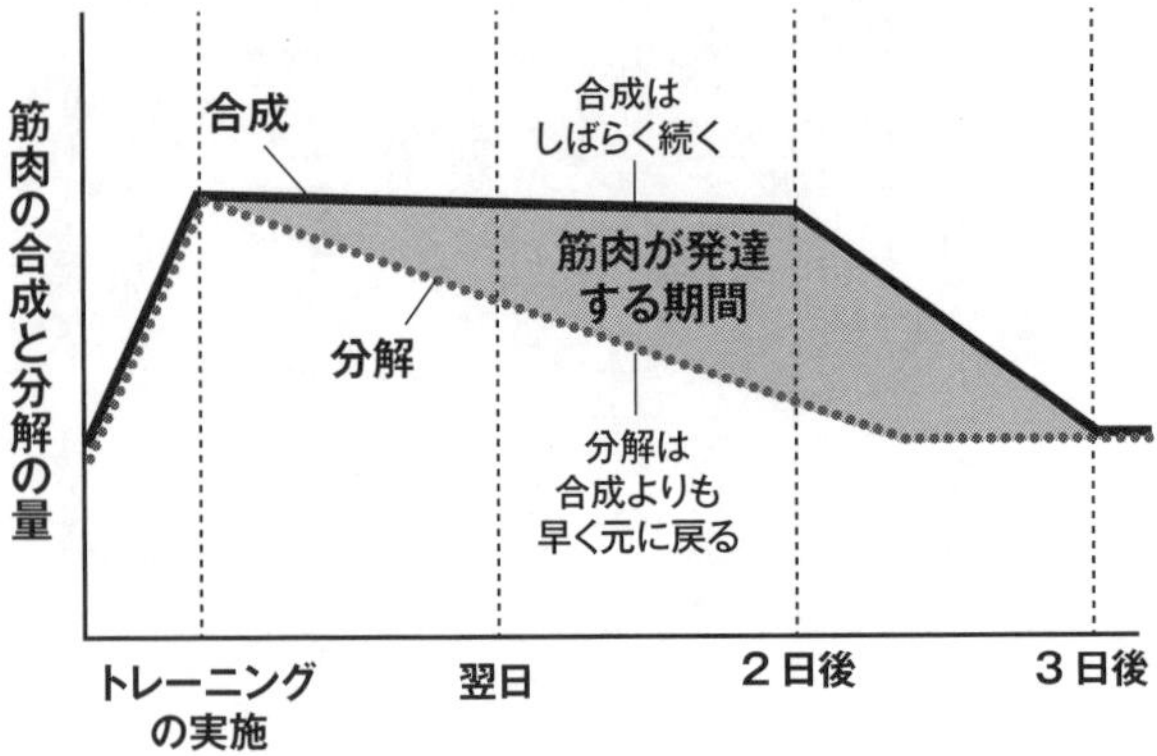
筋肉の合成と分解の量
合成
合成は
しばらく続く
筋肉が発達
する期間
分解
分解は
合成よりも
早く元に戻る
トレーニング
の実施
翌日
2日後
3日後

筋トレとは「トレーニング＋休息」が1セット!

少しすると合成が分解を上回り、その状態が2～3日続くことがわかっているのです。

それにもかかわらず、毎日のように筋トレをして筋肉を追い込んでしまうと、せっかく合成が進んでいたところだったのに、ふたたび分解を進めてしまい、筋肉の合成を抑えてしまいます。

このことからわかるように、筋トレは週に2～3回のペースでいいということです。むしろ、トレーニングとトレーニングの間を1～2日空けたほうが、毎日やるよりもはるかに効果が高くなるのです。

筋肉はトレーニング後の休んでいるときに発達します。筋トレとは「トレーニング＋

休息」がセットになっていること、そして、それによって初めて筋肉が発達することを、しっかり心に留めておいてください。

◆長時間のトレーニングが筋合成にマイナスに働く理由

もう一つ、知っておいていただきたいことがあります。

トレーニングにかける時間です。

コルチゾールというホルモンがあります。副腎から分泌されるホルモンで、ストレスを受けたときに分泌が増えることから「ストレスホルモン」とも呼ばれています。

コルチゾールはストレスに対応するためにさまざまな役割を果たすのですが、その一つに、筋肉の分解を促してエネルギーを作りだす、というものがあります。これをカタボリックホルモン（筋肉の分解を促すホルモン）と言います。つまり、トレーニングで筋肉にストレスを与えることによって、コルチゾールの分泌が高まるのです。

このコルチゾールに関して、ラグビー選手を対象にした研究があります。ラグビーはハードな試合を80分間こなしますが、試合後、ラグビー選手の血液検査を行い、コルチゾールの分泌量を調べてみたのです。

すると、試合終了の12時間後で「平常時の56％増」、36時間後も「59％増」と高い状態を示し、試合が終わって2日半（60時間）を経過しても、依然、「34％増」と高い数値を維持しました。これは、ハードな運動をすると、2日程度は筋肉の分解を促進させる体内環境になっている、ということでもあります。

コルチゾールはハードなトレーニングばかりでなく、トレーニングを長時間行うことでも、分泌が長く続く傾向があります。

そのため、1回のトレーニングに長い時間をかけて身体に疲労を蓄積させることは得策ではありません。コルチゾールの分泌を高めすぎないためには、1回のトレーニング時間は長くても1時間、できれば30分以内程度に収めたほうがいいのです。

そして、もう一つ。鍛える部位（ストレスを与える部位）を変えたとしても、コルチゾールは血液に溶け込んで全身を巡ります。つまり、鍛える部位が違うからといって、毎日のように筋トレをしてしまうと、コルチゾールは長く分泌され続けてしまうのです。

これらを総合すると、1回の筋トレ時間は、短ければ短いほどよく、筋トレの頻度は週2〜3回程度にすることが、筋トレの効果を高めるうえで欠かせないのです。

◆最短・最速で筋肉が発達！「レストポーズ法」という究極の筋トレ

さて、これまで、筋肉への効果的なストレスの与え方から、物理的ストレスと化学的ストレスの関係について、有効なセット数・レップ数・インターバルの時間など、最新の筋トレ理論を紹介してきました。

それらを踏まえて、短期間でもっとも効率よく筋肉を発達させるための筋トレ法であり、本書のメインテーマでもある「レストポーズ法」を紹介したいと思います。

「レストポーズ法」とはどんな筋トレ法か。普通の筋トレは、セット間に長めのインターバルを挟み、何セットか行うのが一般的です。それに対してレストポーズ法は「1つのセットの中でインターバルを挟み、限界まで行う」というものです。

これだけではわかりにくいと思いますので、まずは「正式な」レストポーズ法を、ベンチプレスを例にとって解説しましょう。

☆ベンチプレスのレストポーズ法

1. 3～4回は確実にできるが、5回目はできるかどうかわからない重量を選ぶ。
2. ベンチプレスを3回行う。
3. 一度バーをラックに戻し、20秒程度のインターバルをとる。
4. 再度ベンチプレスを行う。1～2回を頑張る。
5. またバーをラックに戻し、20秒程度のインターバルをとる。
6. もう一度ベンチプレスを行う。頑張って1～2回行う。
7. 20～30秒のインターバルをとる。
8. 最後のベンチプレスを行う。頑張って1回上げる。
9. セット終了

これで1セットです。このようにごく短いインターバルを挟み、高重量で行う方法をレストポーズ法と呼びます。

ここでのポイントはインターバルを短くし、回復しきっていない状態で追い打ちをかけること。そのため、インターバルを長くとるのはＮＧです。インターバルが長くなると、普通に何セットもやるのと変わらなくなります。

読んだだけで、かなりキツいのがおわかりいただけると思います。

しかしそのぶん、簡単に１０１の刺激まで追い込める効率的な筋トレ法です。

セット数も１～２回と少なくてすむので、通常の筋トレよりトレーニング時間を大幅に短縮できるメリットもあります。それによって、忙しいビジネスパーソンでも続けやすくなるうえ、長時間トレーニングをすることによって、筋分解を促すホルモン・コルチゾールが長時間にわたって分泌するのを抑えられるメリットもあります。

さらに、先のベンチプレスの例では上級者向けに高重量でのトレーニングを紹介しましたが、上級者が軽い重量でレップス数を増やして行えば化学的刺激も得られて、物理的刺激との両方から筋肉にアプローチすることが可能になります。短時間で効果的なバルクアップを期待できるのです。

全身の筋肉をすべて「レストポーズ法」で鍛えるのは大変ですが、自分が特に鍛えたい筋肉を「レストポーズ法」で行うのもありです。鍛えたい筋肉の筋力アップやバルクアップ効果を短期間で実感できるため、筋トレを続けるモチベーションも上がります。


このように「レストポーズ法」は、筋力アップやバルクアップを目指したいけど、忙しくて十分な時間が取れない、なかなか筋トレ効果が実感できずに長く続かない、というビジネスパーソンや学生に、最適な筋トレ法なのです。

ただし、先に見たとおり、本来の「レストポーズ法」は上級者向けの、かなり負荷の大きいトレーニング方法で、一見すると初中級者には難しいと思われるかもしれません。

そこで次の章では、レストポーズ法をもう少し詳しく解説するとともに、初中級のトレーニーでも無理なくできるアレンジ法を紹介していきたいと思います。

第2章

最短・最速で効果を上げる「レストポーズ法」とは

◆レストポーズ法が生まれた背景

高重量を使ったベンチプレスやスクワットなど、ひとりでトレーニングしていると、つぶれたときに危ないエクササイズがあります。アメリカでは毎年、ベンチプレスで死傷事故が起こっていますし、日本でもそのようなニュースが何度かありました。

そこまでやらず、余裕を持たせて行えば大丈夫ですが、それでは101の刺激を与えられません。そこで、追い込むためのテクニックがいろいろと考え出されてきました。

・チーティング

ひとつはチーティングです。チートとは「ズルをする」という意味なのですが、トレーニング界では「反動を使ってやる」ことを指します。チーティングの対義語が「ストリクト」で、こちらは厳密にフォームを守って行うことです。

厳正なフォームで反動を使わずにやるのが正しい方法ですが、それでできなくなってからも、反動を使えばもう何レップスかなんとかできます。これが「チーティング法」です。

・パーシャルレップス

これは可動域を絞って行う方法です。スクワットを例にとりましょう。最初は下まで深くしゃがみ込むフォームで行い、できなくなるまでやります。できなくなってからでも、半分くらいまでしかしゃがまなければ、まだスクワットを続けられます。

腕立て伏せで言えば、肘をあまり深くまで曲げないでやれば、普通のフォームでできなくなってからも何レップスか行うことができます。これが「パーシャルレップス法」です。

・ドロップセット

これは重量を減らしつつ、1セットのレップスを継続していく方法です。

ベンチプレスを例にとりましょう。まず100kgでできるだけやります。そして次にウエイトを減らし、80kgにします。これで何回かやります。80kgでもキツくなったら、さらにウエイトを減らし、60kgにして限界まで行います。

このように「限界に近づいたら、ウエイトを軽くしてさらに回数をこなす」方法のことを、「ドロップセット法」と呼びます。

このとき、インターバルはできるだけゼロ秒に近づけることがポイント。プレートを外したり、ダンベルを持ち換えたりするのに必要なだけの時間にしなければいけません。

こうした追い込むためのテクニックの一つとして生まれたのが「レストポーズ法」です。

先に挙げた「チーティング」では反動を使うため、ターゲット以外の筋肉に刺激が移ってしまいます。また「パーシャルレップス」では楽にできる可動域の範囲で筋肉を刺激することになります。そして「ドロップセット」では重量がどんどん落ちていってしまいます。3つの方法はいずれも、通常の筋トレよりは追い込めるものの、行ったレップスほどには、ターゲットとなる筋肉への刺激が期待できません。

そのいっぽうで、「レストポーズ法」ならフォームは変わらず、可動域をフルに使え、重量が落ちることもないのです。

◆わずか2分でも十分に効果を発揮！

レストポーズ法は高重量で行うのが本来のやり方です。特に筋力を高める効果があるため、競技能力を高めたいアスリートが好んで用いる方法でもあります。

筋肉が収縮するときは、脳から神経を通じて筋肉繊維にシグナルが伝わっていきます。「一本の神経＋それが支配している筋肉繊維」のことを「モーターユニット」と呼びます。

多くの神経が使われれば、それだけ多くの筋肉繊維も使われます。このことを「多くのモーターユニットが動員される」と表現します。

アスリートの場合、多くのモーターユニットを動員してより多くの神経、筋肉繊維を一度に使えることが競技能力向上につながっていきます。

では、レストポーズ法は、筋肥大にはそれほど効果がないものでしょうか。

「80％１ＲＭで限界まで行い、20秒のインターバルを挟みつつ、トータルで18レップスを行う」群と、「80％１ＲＭで6レップス3セット、インターバル2分、トータル18レップスを行う」群とで比較した研究（Prestesら、2019）があります。

その結果、上半身は同程度の発達だったのに対し、脚はレストポーズ群のほうが筋肥大効果が大きかったという結果が出ています。通常の筋トレよりも短時間ですむトレーニングだったにもかかわらず、上半身は同程度、下半身はそれ以上の筋肥大効果が得られたのです。


もう一つ、トレーニング経験者を用い、10週間にわたって週2回行った研究（Fisherら、2016）では、「最初に決めた回数を行う群」と、「限界まで追い込む群」、「最初に決めた回数をレストポーズ法で行う群」に分けて比較しました。これはどれも1セットだけです。

実験後、筋力と体組成を測定した結果、限界まで追い込む群が一番良い結果を出し、次がレストポーズ群でした。最初に決めた回数を行う群は、あまり効果が出ないという結果でした。

これは、しっかり追い込めるのであれば、1セットだけでも十分に効果が得られるということを示しています。トレーニング経験者なら、それが可能です。

（図表2-1）「一般的な筋トレ」と「レストポーズ法」

●一般的な筋トレの一例

10回 — 休憩2分 → 10回 — 休憩2分 → 10回

トータル 5〜6 分

●レストポーズ法の一例

6回 — 休憩20秒 → 4回 — 休憩20秒 → 2回 — 休憩20秒 → 2回 — 休憩20秒 → 1回

トータル 2 分程度

そして、この研究におけるレストポーズ群は、レストポーズ法とは言っても、最初にギリギリまでやったわけではなく、トータルのレップスも決まっていたため、限界まで追い込んではいません。つまり、レストポーズ法であれば、限界ギリギリまで追い込まなくても効果が出るということでもあります。

なぜ、限界ギリギリまで追い込まなくても効果が出たのか。これは途中に短い休みを入れて行うことで、トータルのレップスが増え、筋肉の仕事量が増したことが関係していると考えられます。

最初に限界ギリギリまで追い込む正しいレストポーズ法を行えば、より効果が期待できることは間違いありません。

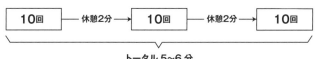

さらに時間がない場合でも、最初に6回程度行い、その後は20秒ほどのインターバルで数回ずつ行い、1回もできなくなるまでやる。こうすればわずか2分程度でも十分に効果を出すトレーニングができるということにもなります。

◆短時間でも強い物理的刺激を与えられる実証

1セット、多くても2セットで終えられるレストポーズ法は、短時間でトレーニングを終わらせることができるため、忙しい人には非常に有効です。

短時間で終わるトレーニングだとあまり効果がないように思われがちですが、実はレストポーズ法は、先に書いたように、普通のやり方よりもむしろトレーニングにおける「仕事量」を高めることが可能なのです。

20名のトレーニング経験者を用い、4週間にわたって週2回のベンチプレスを行った研究（Korakら、2017）があります。

ここでは80％1RMで4セット、インターバルを2分で行った「普通群」と、限界まで追い込んでから短いインターバルで行う「レストポーズ群」とで比較しました。

その結果、筋力や筋活動には大きな違いはみられませんでした。しかし「重量×レップス」（筋肉の仕事量＝重量×距離のこと）を計算したところ、普通群は３万８３１５lbsだったのに対し、レストポーズ群は５万６７７８lbsとなり、仕事量としては圧倒的にレストポーズ群が大きかったのです。

この研究では、最初のセットで追い込むことにより、トータルで大きな仕事量を得ることができたという結果が出たようです。大きな仕事量ということは、それだけウエイトを上げ下ろしした距離が長いということですので、より強い物理的刺激を与えることができていることになります。

２つの比較群では、レストポーズ群のほうが明らかにトレーニング時間は短くなります。つまり、短い時間でより強い物理的刺激を与えられるのが「レストポーズ法」だということでもあります。

◆レストポーズ法のバリエーション

そんな万能に見えるレストポーズ法ですが、デメリットもあります。

それは、本来は高重量で行う方法なので、ジムに行かないとできないことです。家で自重で頑張ろうと思っても、なかなか難しいものです。

また短時間でできるということは、それだけキツいということでもあります。短いインターバルで次々とやるというのは、1~2セットだけとはいえ、かなり覚悟が必要です。

そんなデメリットから、レストポーズ法のバリエーションがいろいろ出てきています。

本来のレストポーズ法は、短いインターバルを挟み、高重量でギリギリまで行うというものですが、とことん追い込まなくても、筋肥大効果は得られるということが証明されていることは先ほど書きました。

一例を挙げれば、まずギリギリ10回やって、20秒ほど休んで3回、さらに20秒休んでまた3回、もう20秒休んで最後に2回という流れです。腕立て伏せがギリギリ10回できる、という人であれば、この方法がピッタリ当てはまります。

・ハイレップス・レストポーズ法

では、もっと筋力があって、腕立て伏せ10回なんて楽勝だという人は、どんなやり方があるでしょうか。

ここで「化学的刺激」を思い出してみましょう。多くのレップスを行って筋肉内細胞環境を悪化させ、普段得られないストレスを与えることで、バルクアップを起こすことができると第1章で書きました。数十回できるような軽い負荷でもいいわけですが、実はこれ、やってみるとかなりキツイのです。

化学的刺激が与えられると筋肉がパンパンになりますが、疲労物質の蓄積による強烈な痛みも襲ってきます。これをボディビル界では「バーンズ（焼け付き）」と呼びます。

バーンズの痛みに耐えつつ、数十回やれば化学的刺激は得られます。また、筋肉痛とは違うので、セットを終えて休みさえすれば、痛みはすぐに治まります。

ここで、ハイレップスで行うレストポーズ法というテクニックが出てきます。

腕立て伏せの場合、20回くらいやるとパンパンになって痛みが走り、できなくなるとします。5秒ほど休むと痛みが消えてまたできるようになるので、そこでふたたび5回くらい頑張ってやります。するとまた痛みが出てきてできなくなりますが、また5秒休めばさらに3回くらいはできます。

このようにして、20秒よりもさらに短い5秒ほどのインターバルを挟んで、合計30回ほどやるというのが「ハイレップス・レストポーズ法」です。

通常のレストポーズ法は高重量を用い、インターバルは20秒程度とります。これは物理的刺激を狙っているため、それなりに回復できるだけの時間を休みます。

いっぽう、「ハイレップス・レストポーズ法」の場合は、主に化学的刺激を狙っているため、インターバルは痛みが消えるだけの超短時間でよく、それでも効果が期待できるのです。

・クラスター・トレーニング

レストポーズ法は最初の数レップスでギリギリまで行います。そのため20秒程度のインターバルが必要となります。しかし、最初にあまり追い込まなければどうでしょうか。もっと短いインターバルでも残りの数レップスができるはずです。スクワットを例にとりましょう。次のようなイメージです。

☆スクワットのクラスター・トレーニング

1．１００kgで2回行う。本来は4回くらいできるが、2回でストップ。ラックに戻す。
2．5～10秒のインターバルをとり、ラックから外してまた2回やって、ラックに戻す。
3．また5～10秒のインターバルをとり、ラックから外してまた2回やり、ラックに戻す。
4．10～15秒のインターバルをとり、ラックから外して1回行う。ラックに戻す。このあたりでキツくなってくる。
5．10～15秒のインターバルをとり、ラックから外して1回行う。これがギリギリ。ここで終了。

つまり、最初は余裕をもって行います。そしてレストポーズ法よりも短いインターバル（呼吸と気合を整えるくらい）をとったら、すぐ次のレップスに移ります。それを繰り返し、1レップもできなくなったら終了。トータルで8～10レップス程度を目指します。

使用重量としては、だいたい85％1RM前後とします。回復の早いトレーニーの場合、長いインターバルを入れるといくらでもできてしまうことがありますが、そのような人はインターバルを5～6秒程度にまで短くし、全体で15レップスを超えられないようなトレーニング強度にします。

これは高重量を扱うので、主に物理的刺激を得たい場合に行われる方法となります。

・3／7法と山本式3／7法

2019年にブリュッセル自由大学から発表された論文で、「3／7（スリー・スラッシュ・セブン）法」というテクニックが紹介されました。

これは70％1RM（ギリギリ12回程度できるの重量）で「3レップス↓15秒インターバル↓4レップス↓15秒インターバル↓5レップス↓15秒インターバル↓6レップス↓15秒

インターバル→7レップス」と行い、これを1セットとして2分半のインターバルを挟んで合計3セット行うというものです。

この3／7法を12週間にわたって普通のトレーニング法（6回8セット、インターバル150秒）と比較したところ、3／7法のほうが筋力や筋肉量の増加が多かったのです。トータル25レップスを短い休みを入れながら行うことで、圧倒的に筋トレ時間を短くできるにもかかわらず、それなりの高重量を扱えて物理的刺激を得るとともに、多くのレップスからくる化学的刺激も得ることができるのが、3／7法の最大の特長です。

これをそのまま用いても、もちろん十分な効果は期待できます。しかし筆者はそこにアレンジを加えました。

15秒のインターバル中にただ休むのではなく、ターゲットとなる筋肉をストレッチ、あるいは収縮させた状態で負荷をかけ続けるのです。これが「山本式3／7法」です。

ワイドスクワット（両脚を大きく開き、足先を外に開いて行うスクワット・90ページ参照）を例にとりましょう。普通に3レップスやったら、しゃがんだ状態で15秒キープしま す。そして4レップス→15秒キープ→5レップス→15秒キープ……と続けていき、最後に

（図表2-2）「3/7法」と「山本式3/7法」

●3／7法

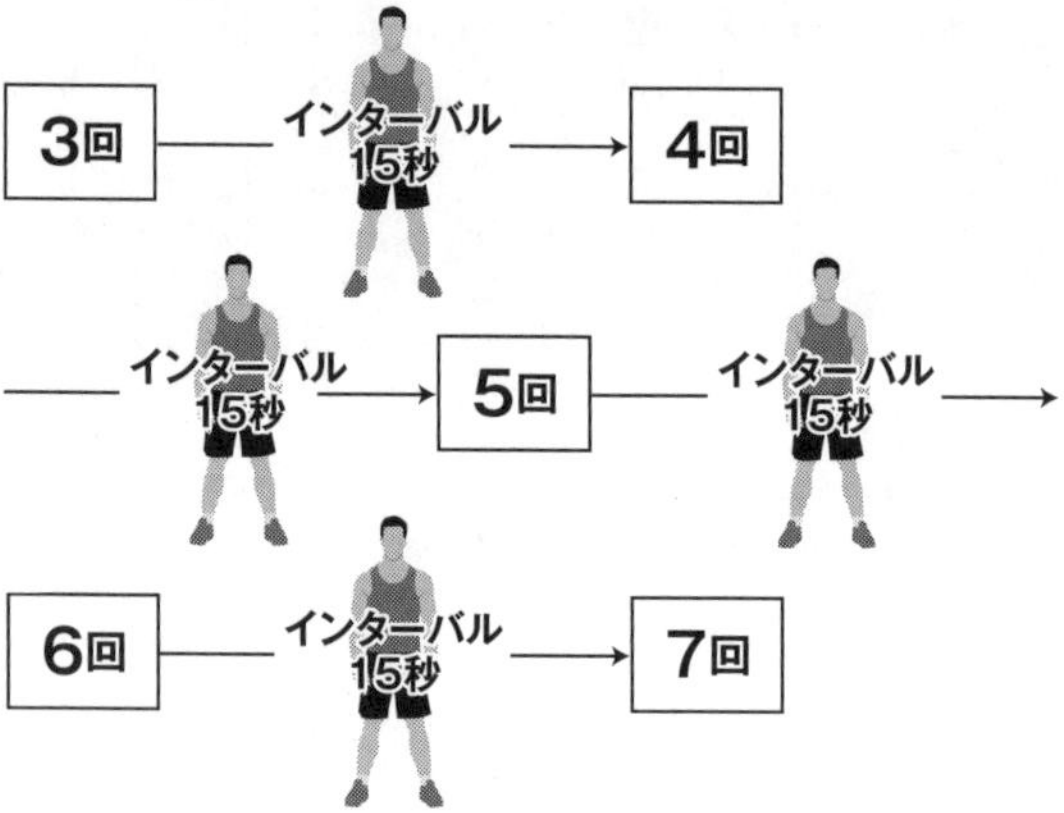
3回
インターバル
15秒
4回
インターバル
15秒
5回
インターバル
15秒
6回
インターバル
15秒
7回

※インターバル＝筋肉に負荷をかけずに休む

●山本式3／7法

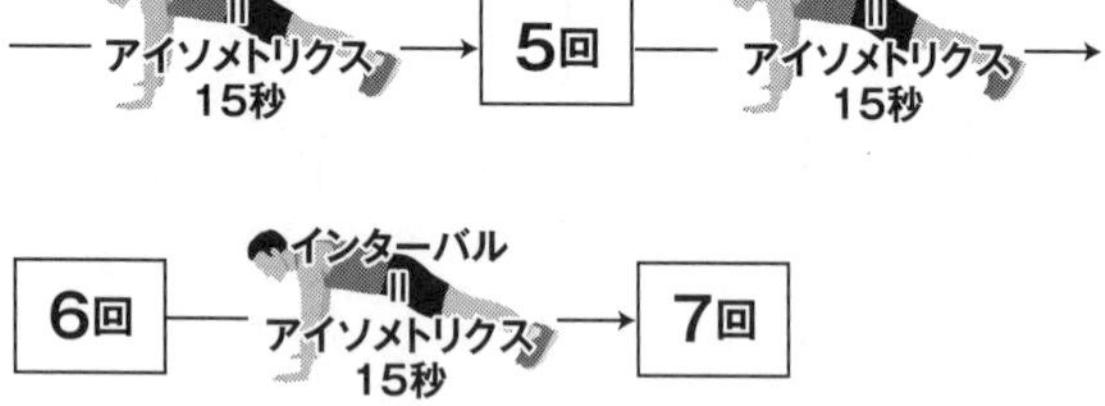
3回
インターバル
＝
アイソメトリクス
15秒
4回
インターバル
＝
アイソメトリクス
15秒
5回
インターバル
＝
アイソメトリクス
15秒
6回
インターバル
＝
アイソメトリクス
15秒
7回

※インターバル＝筋肉に負荷をかけ続ける

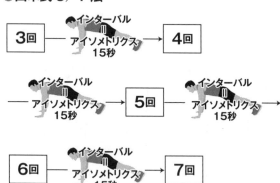

7レップスやって終了です。この方法だと、筋肉をストレッチした状態でキープすることになります。

腕立て伏せの場合でも説明しましょう。3レップスやったら、肘を伸ばした状態で15秒キープします。そして4レップス↓15秒キープ↓5レップス↓15秒キープ……と続けていき、最後に7レップスやって終了。この方法だと、筋肉（大胸筋）を収縮させた状態でキープすることになります。

2セット行う場合は、1セット目はストレッチさせて（腕立て伏せであれば、肘を曲げた状態で）15秒キープ、2セット目は収縮させて（肘を伸ばした状態で）15秒キープというように交互にしていきます。

山本式3／7法は、通常の3／7法よりも軽い重量を使うことになり、主に化学的刺激を狙うようにします。

第3章

実践！　鍛えたいところを集中的に鍛える【部位別】レストポーズ法

◆自分が鍛えたいところから集中的に鍛える

レストポーズ法は短時間で効果を期待できるやり方ですが、そのぶんキツい方法ですので、最初からすべての部位をこれでやる必要はありません。

たとえば、まずは胸だけをレストポーズ法で鍛えるというのもありです。胸だけであれば、1回2～3分程度です。

巻のトレーニング本では、たいてい「全身をバランスよく鍛えよう！」と書かれています。一部分だけを鍛えると、見た目にも良くなく、身体のバランスも変わってくるので、全身のトレーニングをしたほうがいい、という論理です。

もちろん、それは理想論としては間違っていませんが、トレーニング初心者の場合、必ずしもそうする必要はありません。上半身ばかり鍛えても、それはそれで良いのです。腕を太くしたかったら、腕だけトレーニングしてもOK。

一度に全身の筋肉をトレーニングするのは大変で、１回のトレーニング時間も長くなり、疲労も多く残ることになります。

その結果、次第にトレーニングが億劫になって、３日坊主になってしまっては、せっかく筋トレをした意味がなくなってしまいます。

それよりも、まずは自分が一番鍛えたいところを集中的に鍛えて、それによって短期間で筋肥大（バルクアップ）の効果を実感できたほうが、筋トレを続けるモチベーションも上がります。

つまり、最初から全身すべてのエクササイズを行う必要はなく、自分が鍛えたいところだけ鍛え、思いどおりの肉体を目指す。それがボディメイクの楽しさでもあります。

自分が鍛えたい部位のバルクアップが実感でき、筋トレへのモチベーションがさらに高まったところで、他の部位にトレーニングの範囲を広げていってもいいのです。

◆「レストポーズ法」は何よりフォームが大事

筋トレにおいてもっとも大事なのは「フォーム」です。ゴルフでは1㎜軌道が狂ったらボールはあさっての方向に行ってしまいますが、筋トレも少し軌道がズレただけで、ターゲットとする筋肉に刺激が与えられなくなってしまいます。

前回10回できたから、今回は11回やってやろう。その考えは正しいのですが、間違ったフォームでレップスが伸びたとしても、それは本当の伸びではないため、思うようなバルクアップは実現しません。

あくまでも正しいフォームで行うこと、正しいフォームでレップスや重量を伸ばしていくことが大事なのです。

面白いことに、正しいフォームで行うときのポイントは「キツく感じるやり方で行うこと」です。普通のスポーツではもっとも力の入りやすい、自然なフォームでやることが多いのですが、それは数多くの筋肉を連動させているからです。

しかし筋トレの場合、多くの筋肉を連動させてはいけません。ターゲットとする筋肉だけを個別に動かしていくことが重要なのです。すると他の筋肉を使えないため、キツくなります。それが筋トレにおいて良いフォームとなるのです。

このため筋肉の連動に慣れている優秀なアスリートほど、筋トレが最初はうまくできないことがあります。逆にむしろ運動オンチのほうが、筋トレで成果を出しやすいと言うこともできます。

◆いまやっているスポーツのボトルネック（飛距離・記録・勝敗…）を解消

このように書くと、「筋肉を連動させない筋トレはアスリートに不向きなのではないか」と思うかもしれません。しかし、そうではないのです。

野球選手は野球だけやっていれば必要な筋肉がつく、そのように言う人もいます。ここで「ボトルネック」について考える必要があります。ボトルネックとは、もっとも弱い場所という意味です。「鎖はそのもっとも弱いところでちぎれる」という言い方をすることもあります。

たとえば、ある競技が肩と腹、脚の力でパフォーマンスが決まるとしましょう。そしてある選手の肩の力が50、腹の力が25、脚の力が100だったとします。この選手のボトルネックは腹で、発揮できる能力は25となります。

この選手はその競技をずっとやっているため、同じ比率で能力が伸びていきます。すごく頑張ってすべて倍になったとしましょう。すると肩は100、腹は50、脚は200になります。しかし依然として腹がボトルネックで、発揮できる能力は50となります。

では腹だけ筋トレをして腹が50になったらどうでしょうか。能力は簡単に50になります。肩も筋トレして肩が100、腹も頑張って100にできれば、能力は100になるのです。

このようにボトルネックを解消できるのが筋トレの強みでもあります。

肉体改造だけでなく、ゴルフなどのパフォーマンス改善にも大いに役に立ちます。脚のトレーニングを始めた70代の男性が30ヤード遠くまで飛ばせるようになったというような例は、筆者の指導経験の中でも数多くあります。

◆実践！ 部位別レストポーズ法

では、具体的にレストポーズ法による筋トレのやり方を紹介していきましょう。

主要な部位別に、正しいトレーニングフォームと注意点、さらに、「レストポーズ法」で行う際に気をつけたいことなどを、イラストとともに解説します。

全体を通じて気をつけたいのは、すべてのエクササイズにおいて「後半のレップスになると、疲労によって動作が雑になりやすい」ことです。具体的には可動範囲が狭くなったり、反動を使ったりしがちですので、そうならないように意識して行いましょう。

ここでは、「自重」&「トレーニングチューブ」「バランスボール」を使った〈自宅〉バージョン（「自重トレ」と表記）と、器具やマシンを使った〈ジム〉バージョン（「ジムトレ」と表記）とに分けて紹介します。インターバルはすべて20秒で行ってください。

自重トレ

胸のエクササイズ

1 プッシュアップ（腕立て伏せ）

主に鍛えられる筋肉

大胸筋、上腕三頭筋

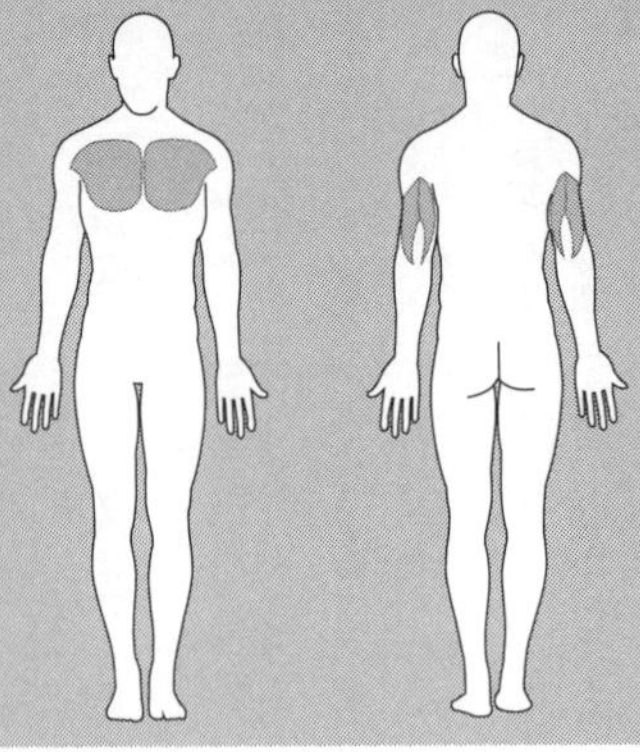

両手を肩幅よりやや広め（1.5 倍）に開く。肩からつま先までが一直線になるようにする。手はハの字。肘を深く曲げてアゴが床に触れる寸前まで下ろし、元の位置に戻す。腰が落ちたり高くなったりしないように注意。

レップスの目安

初級者：4 回→3 回→2 回→1 回
中級者：10 回→8 回→6 回→4 回
上級者：20 回→ 15 回→ 10 回→8 回

※「→」部分の休憩はすべて 20 秒。

スタート 肩幅の 1.5 倍に手を開く。指先はやや内側に向けハの字になるようにする

身体を持ち上げたとき、
肘をしっかり
伸ばしきること

フィニッシュ 身体を直線に保ったまま、あごが床につく直前まで下ろす

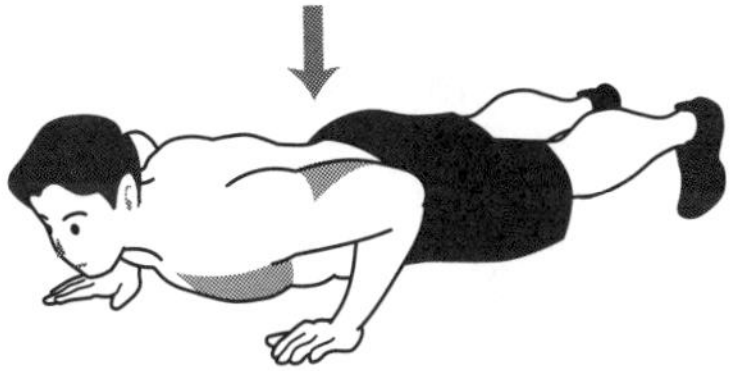

NG 身体を下ろす際に腰が落ちたり高くなったりする

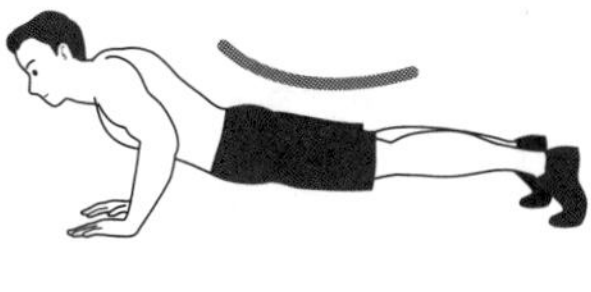

自重トレ

背中のエクササイズ

1 ハイリバースプランク

主に鍛えられる筋肉

広背筋、大殿筋、ハムストリング

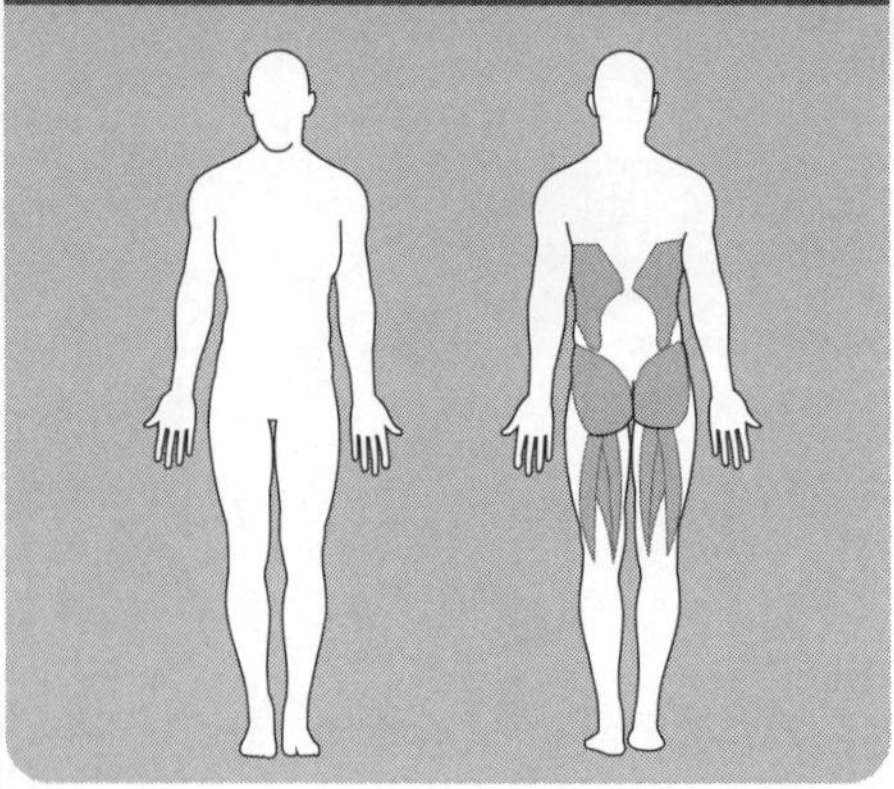

長座した状態から両手を床に付き、指先は前に向ける。腰を浮かせて上体を一直線にする。その状態をキープ。胸を反らして腕を床に押し付けるように力を入れていく。腰が落ちないように注意。

レップスの目安

初級者：20秒キープ→15秒キープ→10秒キープ→10秒キープ

中級者：30秒キープ→30秒キープ→20秒キープ→20秒キープ

上級者：60秒キープ→45秒キープ→30秒キープ→30秒キープ

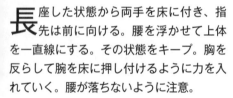

スタート 両手の指先を足のほうに向けて身体を支える

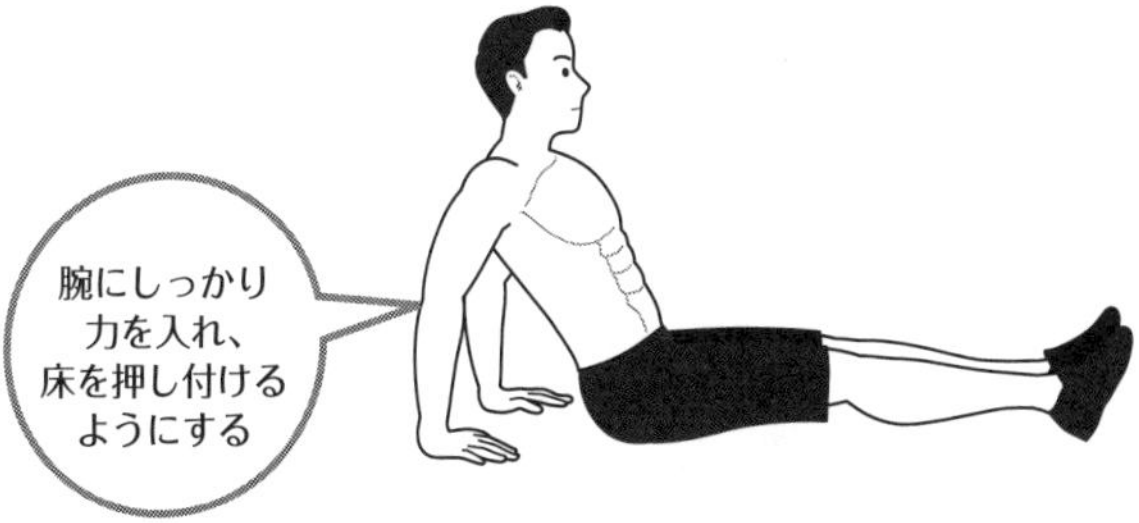
腕にしっかり
力を入れ、
床を押し付ける
ようにする

フィニッシュ 肩から足までが一直線になるように身体を持ち上げ、その姿勢をキープ

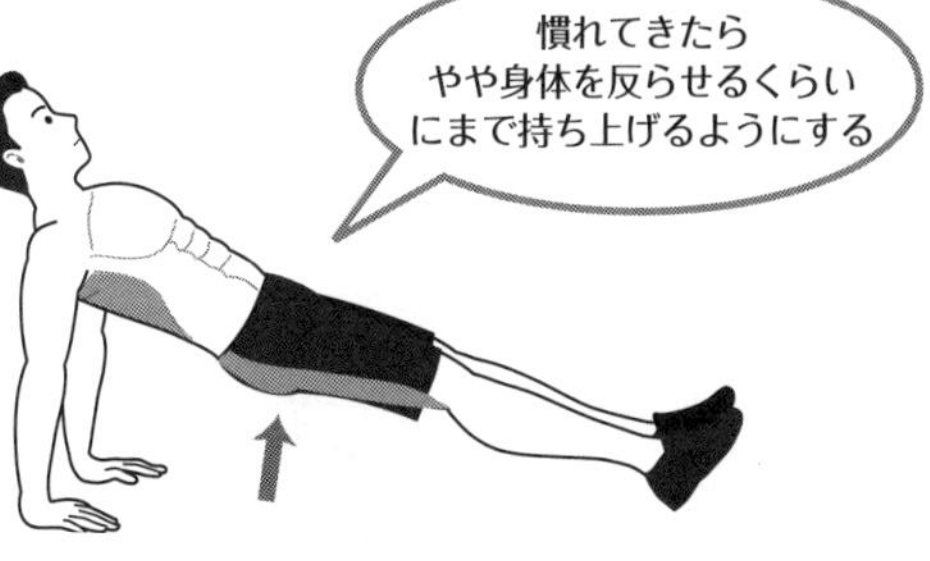
慣れてきたら
やや身体を反らせるくらい
にまで持ち上げるようにする

NG
腰が落ちている

自重トレ
肩のエクササイズ

1 パイクプッシュアップ

主に鍛えられる筋肉

三角筋前部・中部、大胸筋上部

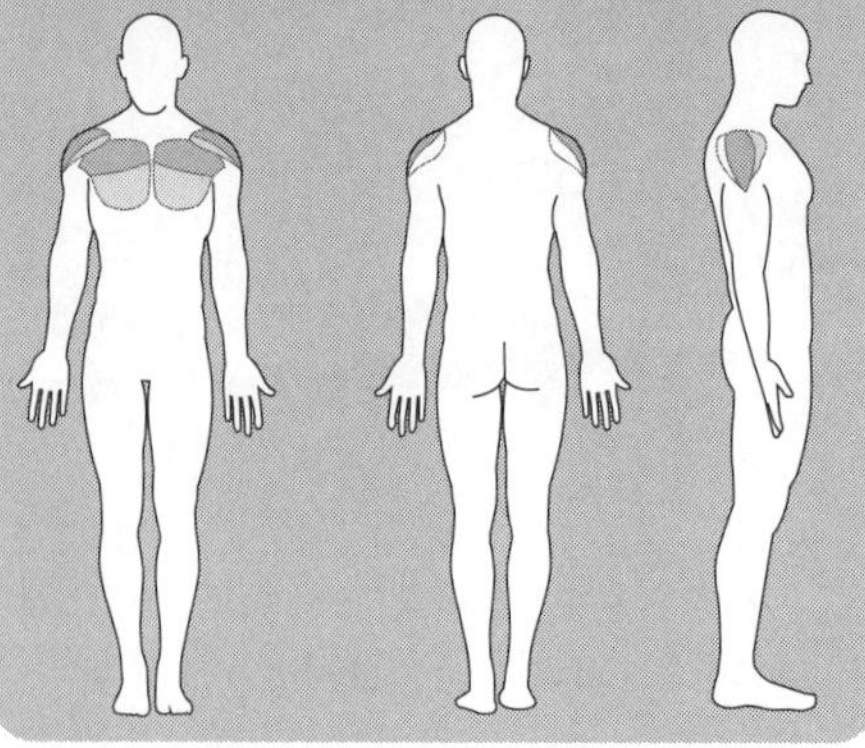

腰の位置を高くして行うプッシュアップ。全身が山のような形となり、そのままプッシュアップを行う。頭を両手の間に差し入れるように身体を下ろし、同じ軌道で元に戻していく。肩の前部と大胸筋上部を鍛えることができる。頭を下ろす位置が手より前に出てしまうと肩への刺激が薄れてしまう。

レップスの目安

初級者：4回→3回→2回→1回

中級者：10回→8回→8回→6回

上級者：15回→12回→10回→10回

スタート 肩幅よりやや広めに手を開く

腰を持ち上げて
身体がへの字になった
状態をキープして
行うようにする

フィニッシュ 頭を両手の間に差し入れ、おでこが床に着くギリギリまで近づける

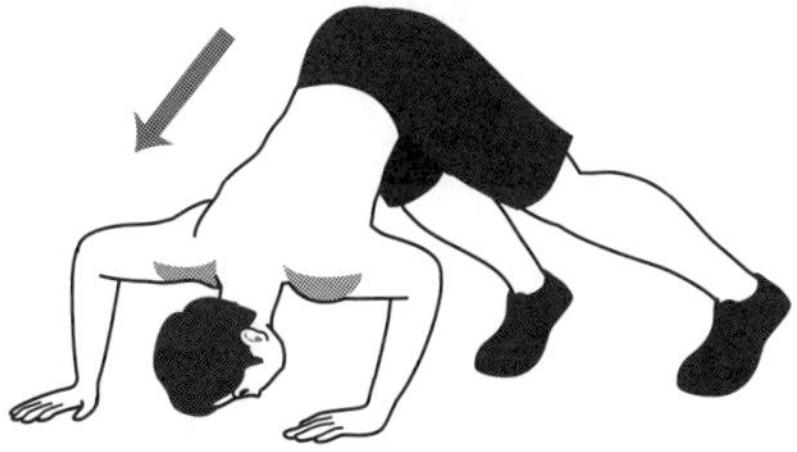

NG 頭が両手より前に出てしまう

自重トレ

腕のエクササイズ

1 チューブカール

主に鍛えられる筋肉

上腕二頭筋

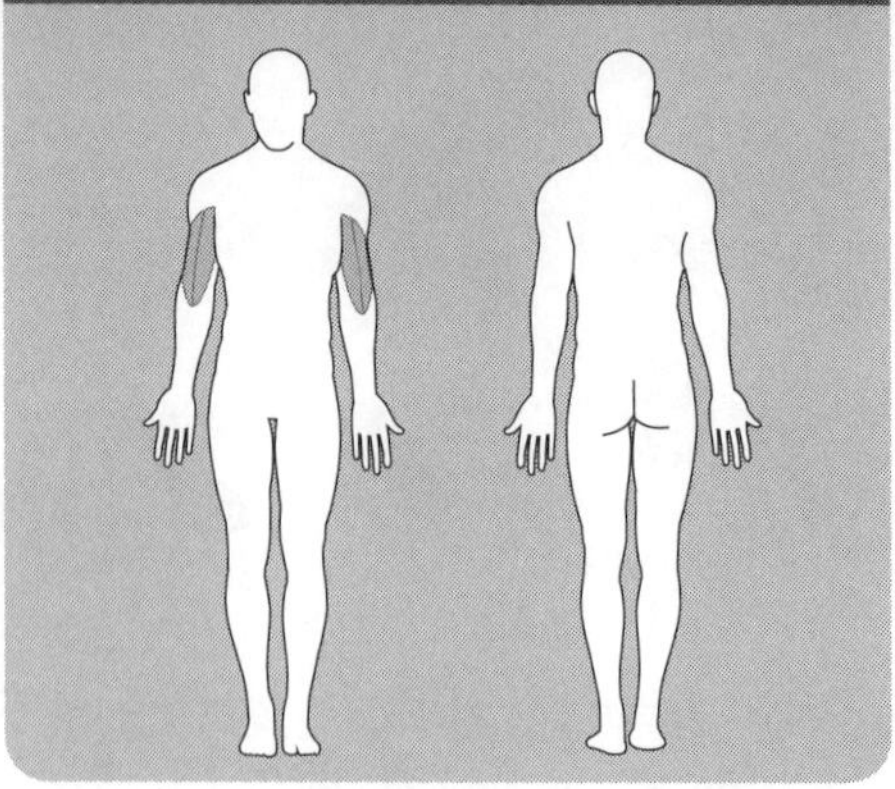

チューブの両端を持ち、真ん中を足で押さえて立つ。肘を身体の横に固定して腕を曲げていく。曲げきったら元に戻して肘を伸ばしきる。肘が動かないように注意。

レップスの目安

初級者：（一気に15回ほどできるチューブで）
10回→8回→8回→6回

中級者：（一気に10回ほどできるチューブで）
8回→6回→6回→4回

上級者：（一気に5回ほどできるチューブで）
4回→3回→2回→2回

スタート

チューブの両端を持つ

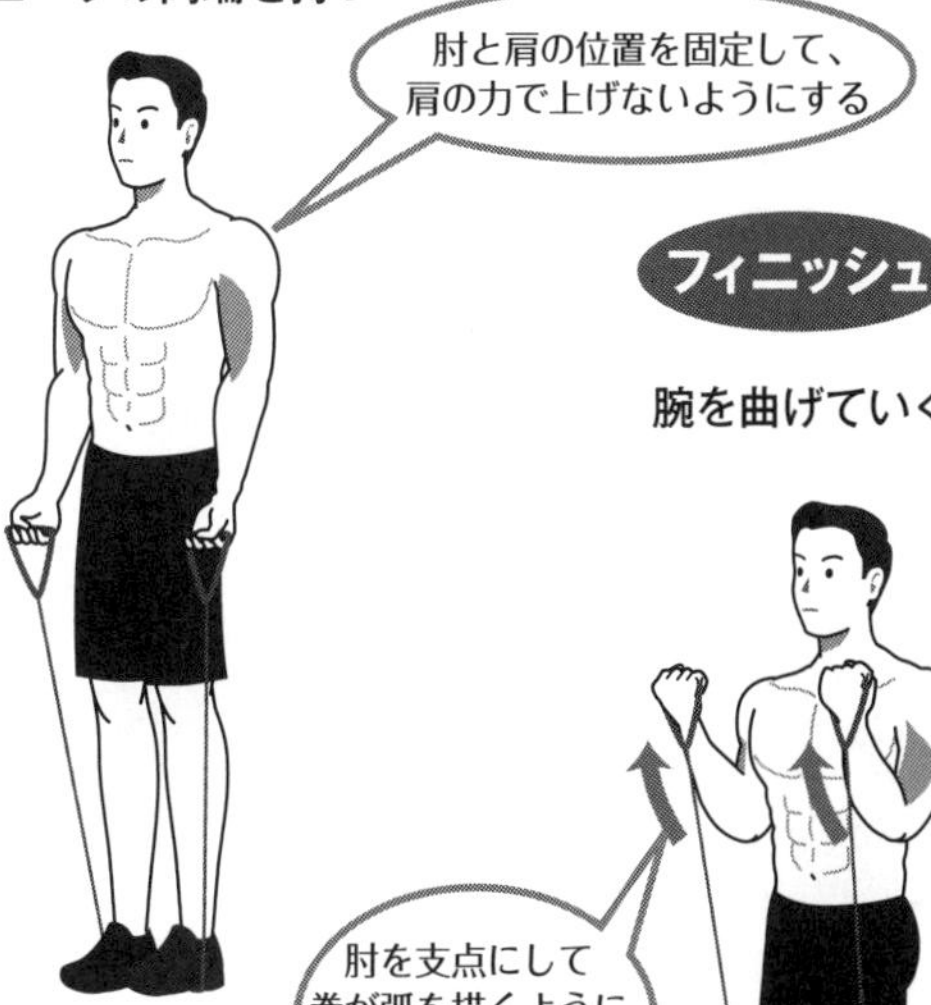
肘と肩の位置を固定して、
肩の力で上げないようにする

フィニッシュ

腕を曲げていく

肘を支点にして
拳が弧を描くように
上げていく
イメージで

NG

肘を動かして上げてしまう

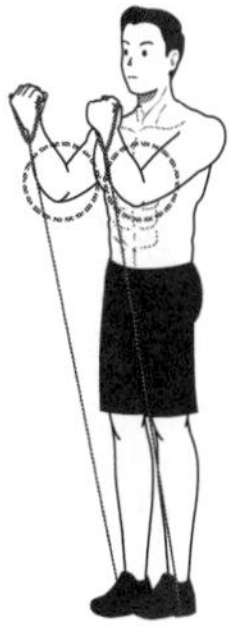

自重トレ

腕のエクササイズ

2 チューブエクステンション

主に鍛えられる筋肉

上腕三頭筋

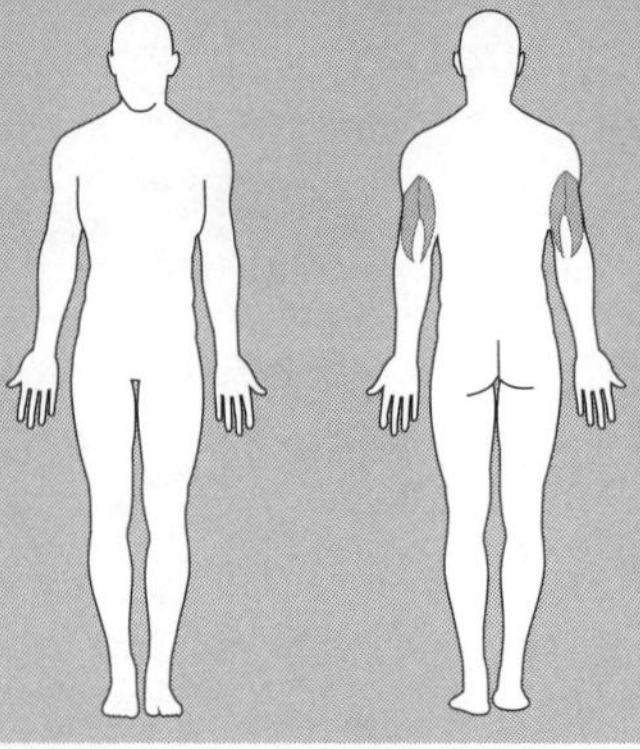

チューブの片方の端を持ち、片手を真上に上げる。肘が頭の真横に来るようにする。背中側にチューブを通す。このときにチューブがゆるまないようにする。肘を伸ばし、伸ばしきったら元の位置に戻す。肘が動作中に頭の横から離れないように注意。

レップスの目安

初級者：（一気に 15 回ほどできるチューブで）
10 回→8 回→8 回→6 回

中級者：（一気に 10 回ほどできるチューブで）
8 回→6 回→6 回→4 回

上級者：（一気に 5 回ほどできるチューブで）
4 回→3 回→2 回→2 回

スタート

チューブの片方の端を持ち、
反対側のチューブは
足でしっかり押さえておく

肘と肩の位置を
固定して、
肩の力で上げない
ようにする

フィニッシュ

肘を伸ばす

肘を支点にして
拳が弧を描くように
上げていく
イメージで

NG
肘を動かして
上げてしまう

自重トレ

脚のエクササイズ

1

ワイドスクワット

主に鍛えられる筋肉

大腿四頭筋、大殿筋、内転筋、ハムストリング

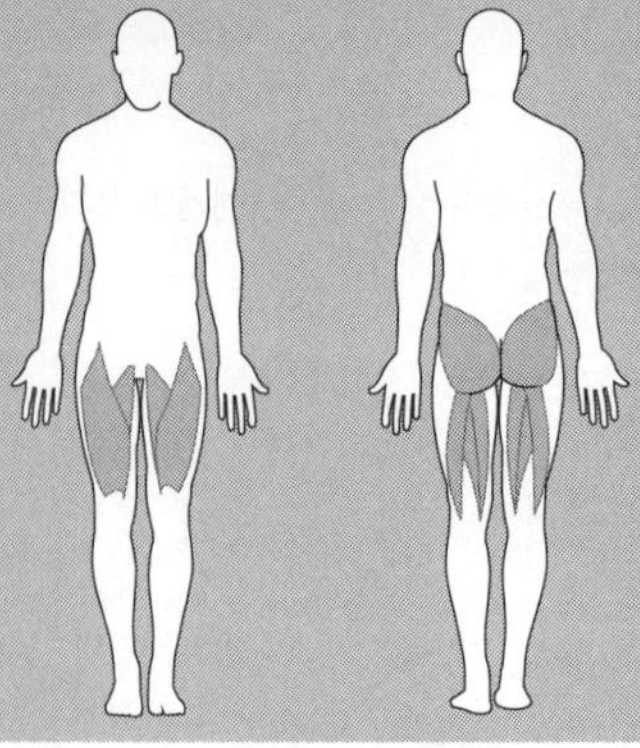

足を肩幅の1.5倍くらいに開き、つま先を外側45度に向ける。腰が丸まらないように注意しながらしゃがみ、大腿部が地面と平行になるまで下ろす。このとき、膝の向きがつま先の向きと一致するように注意。手は胸の前で組んで行う。

レップスの目安

初級者：10回→8回→6回→6回

中級者：20回→15回→10回→8回

上級者：30回→20回→20回→15回

スタート

足を肩幅の 1.5 倍くらいに開き、
つま先を外側 45 度に向ける

フィニッシュ

大腿部が地面と
平行になるまで下ろす

負荷が足りない場合は、
胸の前か、両手に重り
などを持って行う

しゃがんだときに
膝ではなく
腿の裏と臀部に
負荷がかかって
いることを意識

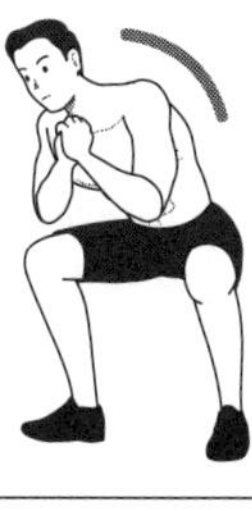

NG

上半身を前傾させて
かがまない

自重トレ

脚のエクササイズ

2 ブルガリアンスクワット

主に鍛えられる筋肉

大殿筋、大腿四頭筋、ハムストリング

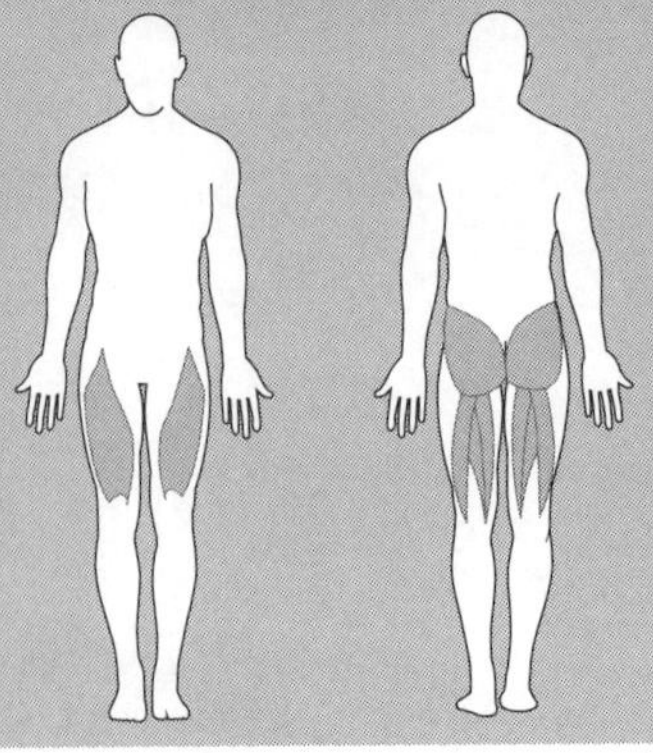

足を前後に開き、後ろ足の甲をベンチか椅子に乗せる。大股で歩くときくらいの足幅を目安にする。両手でバランスを取りながら、前足が床と平行になるまでしゃがむ。慣れてきたら手を胸の前や腰の後ろで組んでも良い。片方をやったら逆側も同じ回数を行うこと。あまり上体を前傾させず、垂直に近い状態で行うこと。

レップスの目安

初級者：10回→8回→6回→6回

中級者：15回→12回→10回→8回

上級者：（10回ギリギリできる重りなどを持って）8回→6回→5回→4回

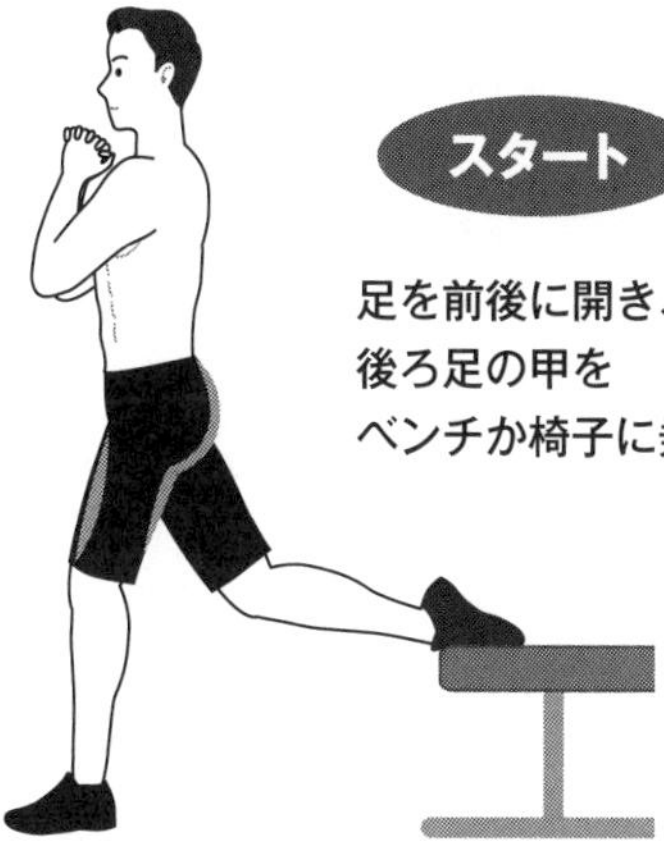

スタート

足を前後に開き、
後ろ足の甲を
ベンチか椅子に乗せる

フィニッシュ

両手でバランスを
取りながら、
前足太腿が地面と
平行になるまでしゃがむ

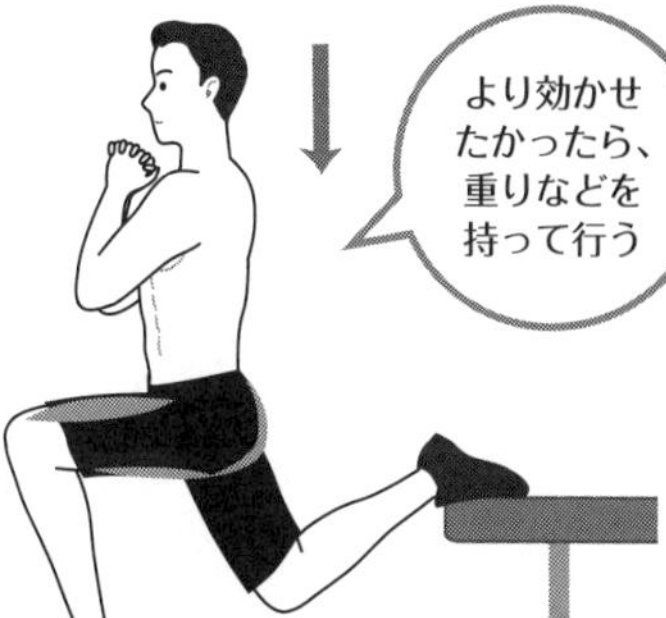

より効かせ
たかったら、
重りなどを
持って行う

膝があまり前に
出ないようにして
膝より股関節を
曲げる意識で行う

自重トレ
腹のエクササイズ
1
クランチ

主に鍛えられる筋肉
腹直筋

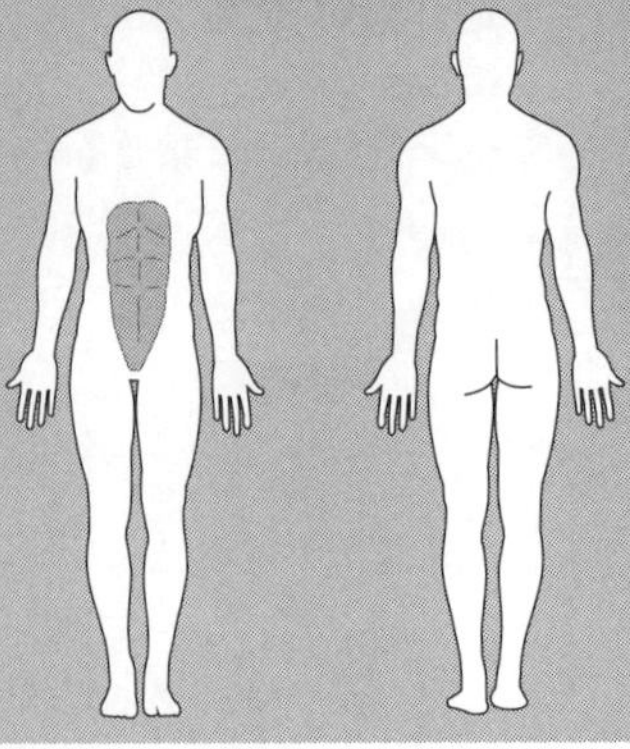

マットの上に仰向けになり、両手を頭の後ろで組む。膝は深く曲げること。背中を丸めて肩甲骨が床から少し離れるまで上体を持ち上げる。腹筋の収縮を感じ取ったら、元の位置に戻していく。背中を丸めずに上体を起こそうとすると、腹筋ではなく股関節の筋肉を使ってしまうので注意。

レップスの目安

初級者：10回→8回→8回→6回
中級者：15回→12回→10回→8回
上級者：20回→15回→15回→12回

スタート 仰向けになり、両手を頭の後ろで組む。膝は深く曲げる

みぞおちとおへそを
近づけるような意識で

フィニッシュ 背中を丸めて肩甲骨が地面から少し離れるまで上体を持ち上げる

腹直筋の
収縮・ストレッチを
常に感じながら、
動作はゆっくりで、
反動を使わないように

NG 背中を丸めずに
上体を起こそうとする

自重トレ

腹のエクササイズ

2 ボールクランチ

主に鍛えられる筋肉

腹直筋

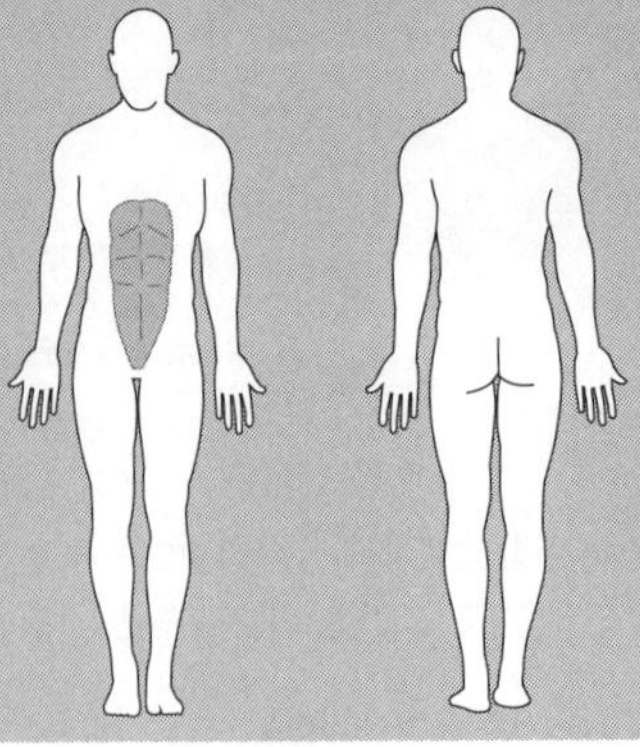

ボールの上に仰向けになってクランチを行う。ボールの曲面を利用して腹筋をストレッチできる。座る位置を下にすると楽になり、上のほうに座るとキツくなる。

レップスの目安

初級者：（ボールの下に座って）10回→8回→8回→6回

中級者：（ボールのやや上に座って）15回→12回→10回→8回

上級者：（ボールの上に座って）20回→15回→15回→12回

スタート　ボールの上に仰向けになる

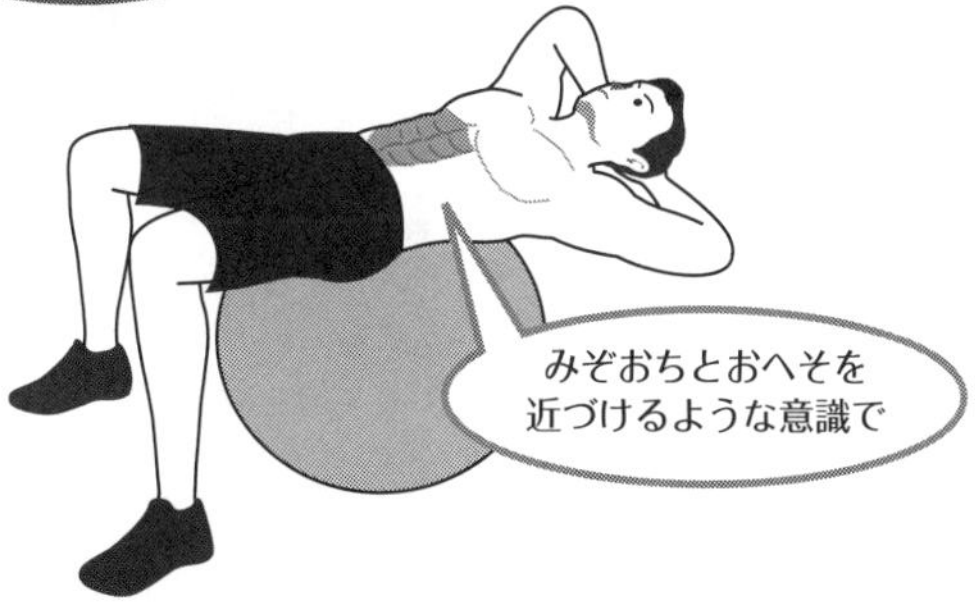
みぞおちとおへそを
近づけるような意識で

フィニッシュ　ボールの上でクランチを行う

腹直筋の
収縮・ストレッチを
常に感じながら、
動作はゆっくりで、
反動を使わないように

NG お尻を軸に
起き上がる

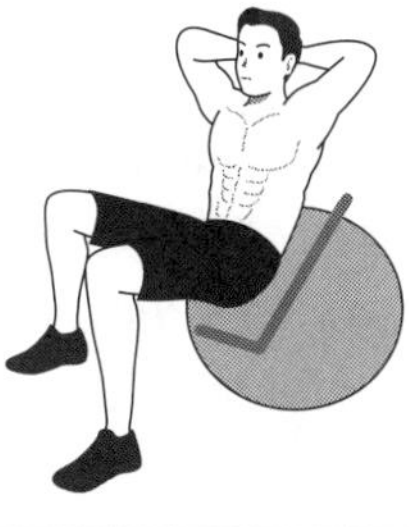

ジムトレ

胸のエクササイズ

1 ベンチプレス

主に鍛えられる筋肉

大胸筋、上腕三頭筋

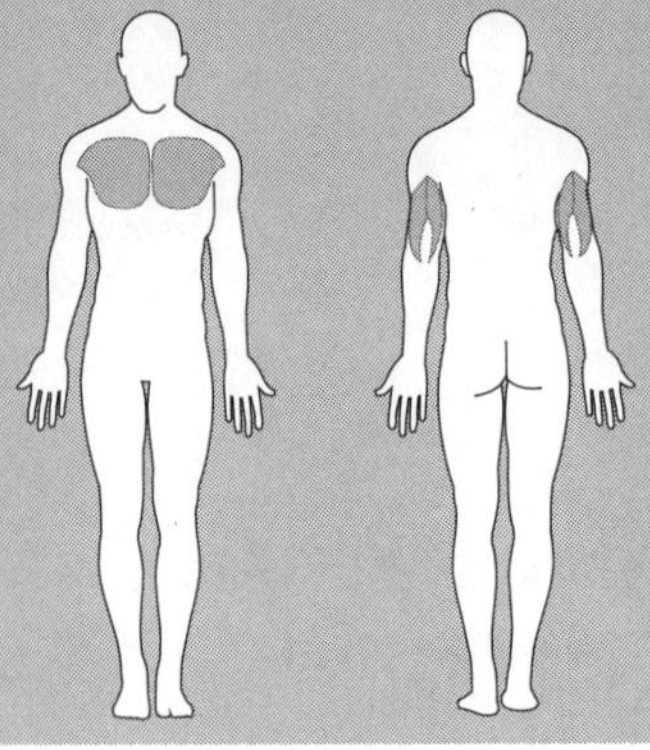

ベンチに仰向けになり、81cm ラインに小指がかかるようにバーを持つ。胸を張って肩甲骨を寄せた状態を動作の間じゅうキープ。バーをラックから外し、剣状突起（みぞおち）までバーを下ろして元の位置に戻す。バーを胸の上のほうに下ろしたり、斜めに上げたりしないように注意。

レップスの目安

初級者：(80%1RMで) 6回→5回→4回→3回
中級者：(85%1RMで) 5回→4回→3回→2回
上級者：(90%1RMで) 3回→2回→2回→1回

スタート

ベンチに仰向けになり、
81cm ラインに
小指がかかるように
バーを持つ

肩甲骨を寄せ、
胸をしっかり
張った状態を
キープする

フィニッシュ

剣状突起（みぞおち）
の真上まで
バーを下ろす

反動を使わないように
上げ下げする
安全のために
セーフティーバーの
あるマシンで行い、
必ずセーフティーバー
を使うこと

バーを斜めに上げる **NG** バーを下ろす位置が胸の上（鎖骨）のほうになる

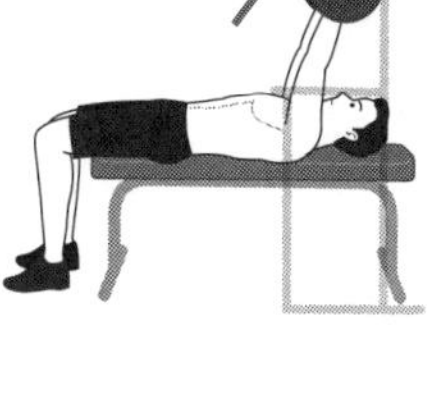

ジムトレ
胸のエクササイズ

2 ダンベルフライ

主に鍛えられる筋肉

大胸筋

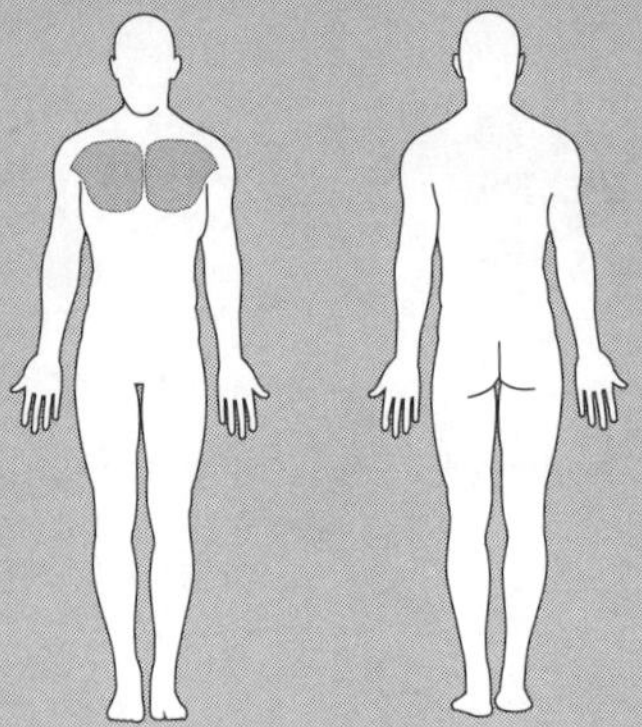

両手にダンベルを持ってベンチに仰向けになる。肘を伸ばした状態でダンベル同士が向かい合わせになるように持つ。肘を少しずつ曲げながらダンベルを横向きに下ろし、大胸筋をストレッチさせる。一番下では肘の角度が 100 ～ 120 度くらいになるようにする。
その後、肘を伸ばしながら大胸筋の力で元の位置に戻す。肘を開きすぎたり曲げすぎたりしないように注意。

レップスの目安

初級者：(80%1RMで) 6回→5回→4回→3回
中級者：(85%1RMで) 5回→4回→3回→2回
上級者：(90%1RMで) 3回→2回→2回→1回

スタート

肘を伸ばした状態で
ダンベル同士が
向かい合わせに
なるように持つ

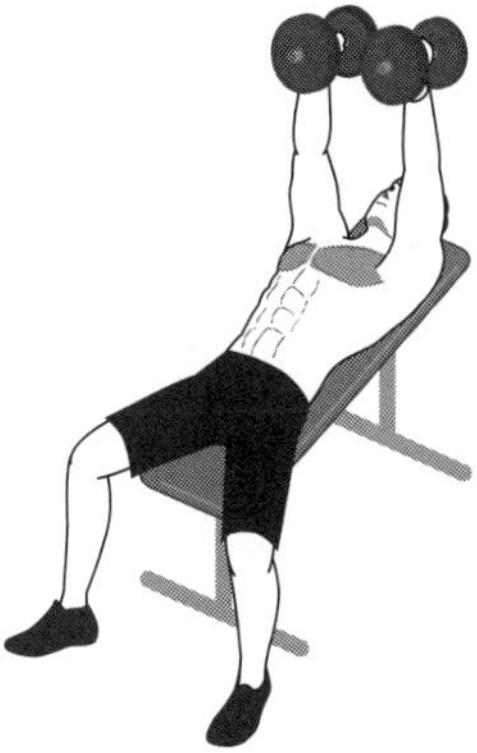

フィニッシュ

肘を曲げながらダンベルを
横向きに下ろし、大胸筋をストレッチ

大胸筋を
十分に
ストレッチ
させる
ここから
大胸筋を使って
絞り込むように
腕を持ち上げる

NG

ダンベル同士が
ぶつかるまで上げる
（両腕が平行＜地面と垂直＞
になる時点がトップ
ポジションになるように）

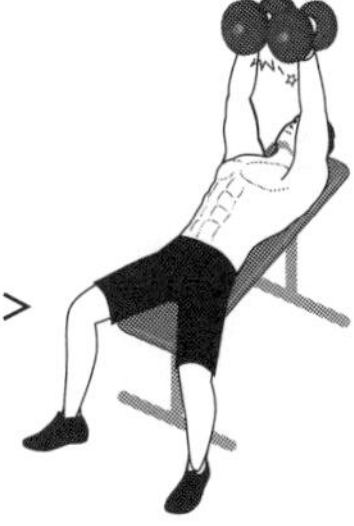

ジムトレ
胸のエクササイズ

3

インクラインダンベルフライ

主に鍛えられる筋肉

大胸筋上部

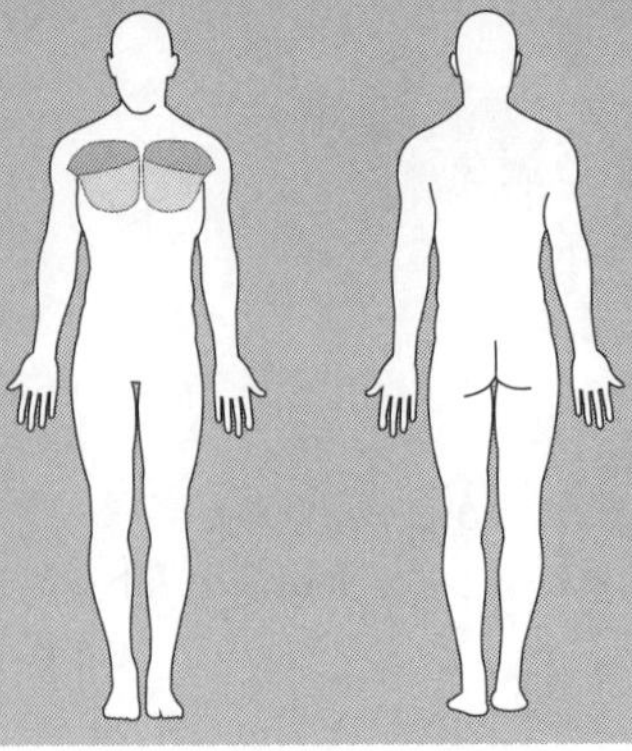

ベンチの角度を 30 ～ 40 度にしてダンベルフライを行う。下ろすときには肘が寝ないように、手首の真下に肘が来るように注意する。大胸筋の上部を鍛えることができる。

レップスの目安

初級者：(80%1RMで)6回→5回→4回→3回

中級者：(85%1RMで)5回→4回→3回→2回

上級者：(90%1RMで)3回→2回→2回→1回

スタート

ベンチの角度を
30 ~ 40 度にして
大胸筋の力で
ダンベルを持ち上げる

トップポジションで
大胸筋上部の
収縮を感じ取る

フィニッシュ 肘を曲げてダンベルを下ろす

大胸筋上部を
十分に
ストレッチ
させる
ここから
大胸筋を使って
絞り込むように
腕を持ち上げる

NG

ダンベル同士がぶつかる
まで上げる
(両腕が平行＜地面と垂直＞
になる時点がトップ
ポジションになるように)

ジムトレ

胸のエクササイズ

4

インクラインダンベルベンチプレス

主に鍛えられる筋肉

大胸筋上部

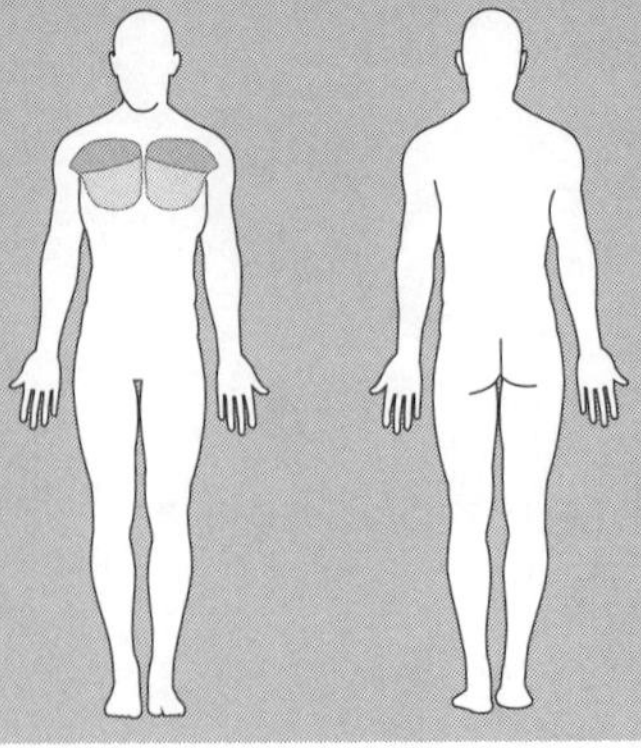

ベンチの角度を30～40度にしてダンベルを両手に持ち、仰向けになる。肘を伸ばして手の甲が頭、手のひらが足のほうを向くようにする。肘を深く曲げながらダンベルを横に下ろし、ダンベルが胸に触れたら元の位置まで戻す。一番下での肘の角度は60度程度。

レップスの目安

初級者：(80%1RMで)6回→5回→4回→3回
中級者：(85%1RMで)5回→4回→3回→2回
上級者：(90%1RMで)3回→2回→2回→1回

スタート

ベンチの角度を 30 ～ 40 度にしてダンベルを両手に持ち、仰向けになる

肘をしっかり伸ばしきって、大胸筋上部の収縮を感じる
30°
～40°
手の甲が常に頭側を向いているようにする

フィニッシュ

肘を深く曲げながらダンベルを横に下ろす

ここから大胸筋を使って絞り込むようにダンベルを上げる

NG

両腕を開いて下ろさない

ジムトレ
背中のエクササイズ

1 ラットプルダウン

主に鍛えられる筋肉

広背筋、大円筋

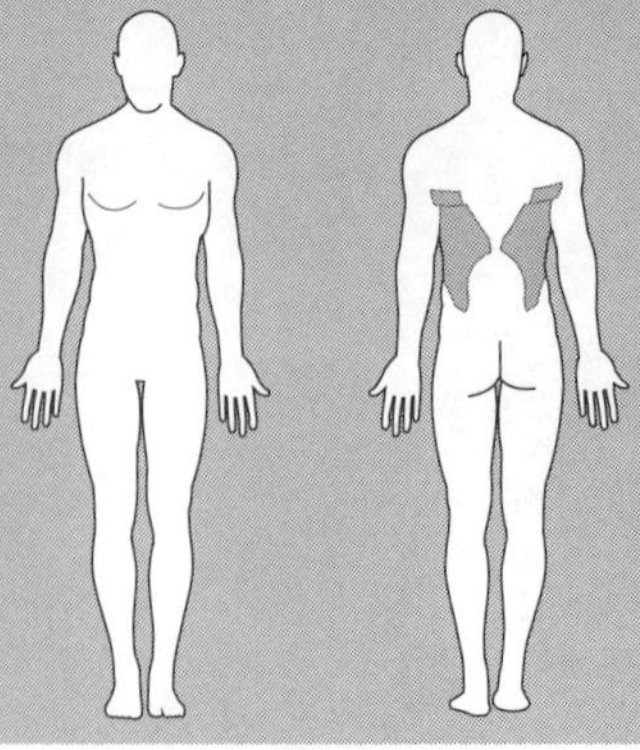

バーを肩幅よりひと握りぶん広く持ち、ラットマシンに座る。胸を張りつつバーを鎖骨に向けて引いていく。バーがアゴより下まで来たら元に戻す。背中が丸くなったり、反動を使って引き下げたりしないように注意。

レップスの目安

初級者：(80%1RMで)8回→6回→4回→3回
中級者：(85%1RMで)6回→4回→3回→2回
上級者：(90%1RMで)4回→2回→2回→1回

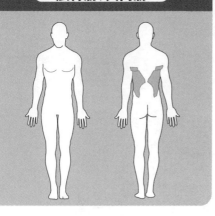

スタート

バーを肩幅より
ひと握りぶん広く持ち、
ラットマシンに座る

バーを上げたとき、
背中の筋肉
(広背筋など)を
十分に
ストレッチする

フィニッシュ

胸を張りつつバーを
鎖骨に向けて引いていく

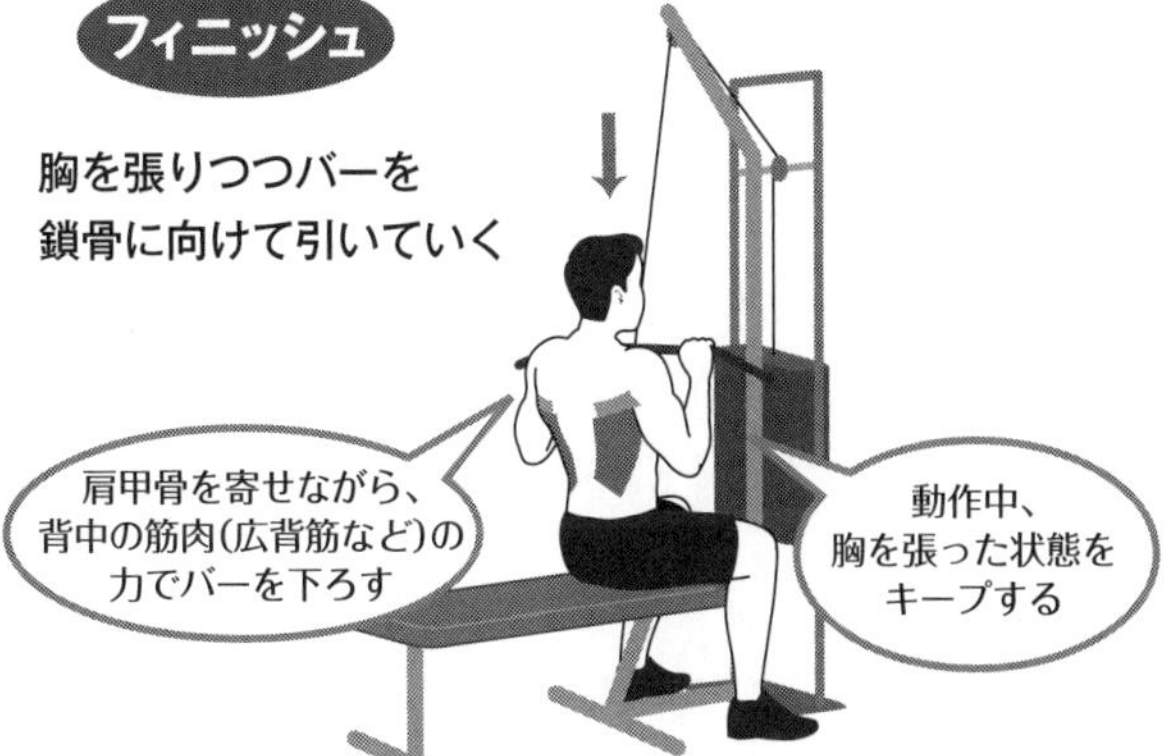
肩甲骨を寄せながら、
背中の筋肉(広背筋など)の
力でバーを下ろす
動作中、
胸を張った状態を
キープする

NG

背中を丸めて、
腕の力で反動を
使って引き下ろす

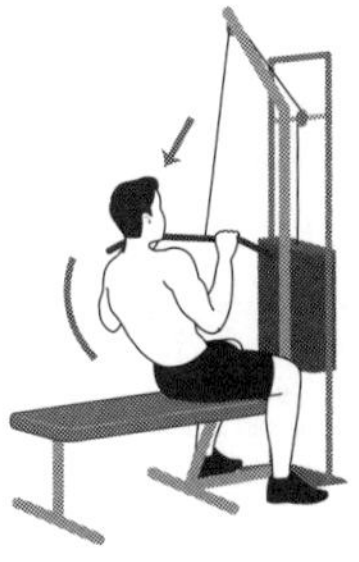

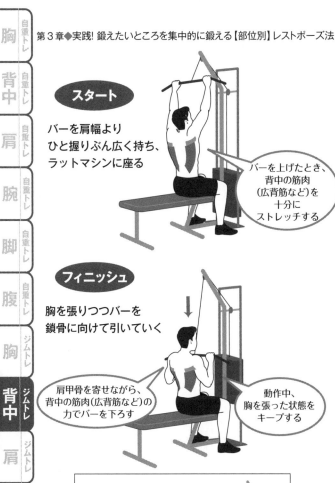

ジムトレ
背中のエクササイズ

2

アンダーグリップラットプルダウン

主に鍛えられる筋肉

広背筋、上腕二頭筋

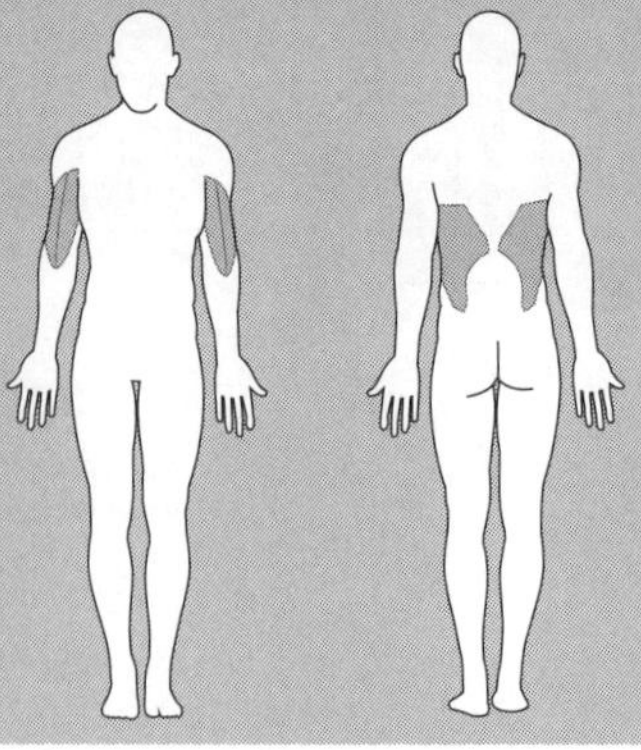

逆手で行うラットプルダウン。肩幅よりやや広い手幅でバーを持つ。握力が持たない場合はパワーグリップを使っても良い。

レップスの目安

初級者：(80%1RMで)8回→6回→4回→3回
中級者：(85%1RMで)6回→4回→3回→2回
上級者：(90%1RMで)4回→2回→2回→1回

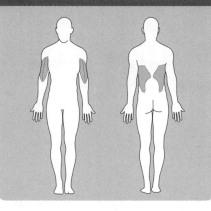

スタート

逆手でバーを持つ

胸を張って、
腕の力でなく
背中の力で
バーを引きつける
意識で行う

フィニッシュ

胸を張りつつ
バーを鎖骨に向けて
引いていく

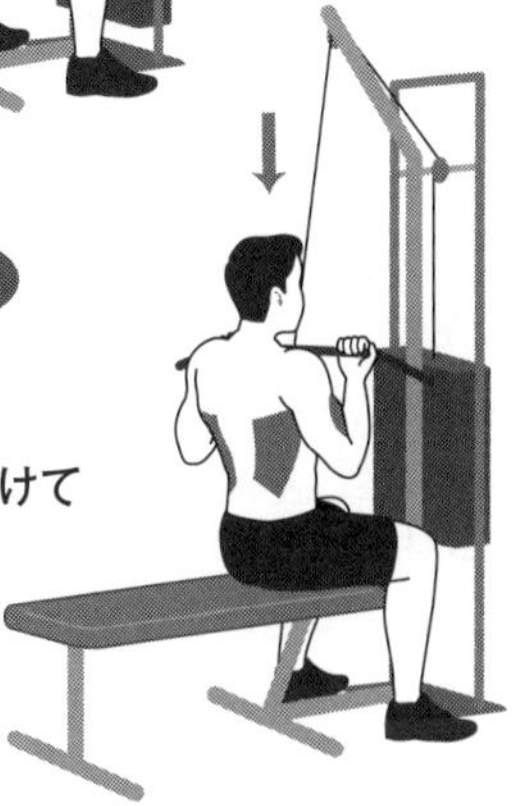

パワーグリップ

NG 背中を丸めて、
反動で引き下ろす

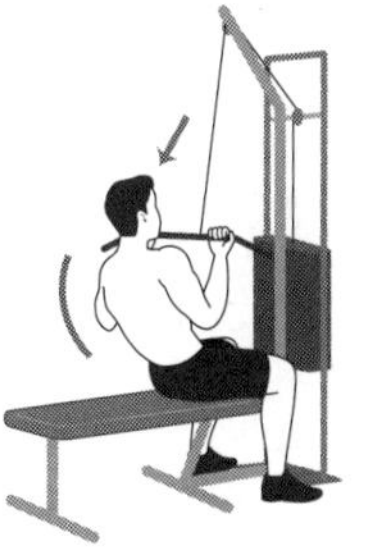

ジムトレ

背中のエクササイズ

3 チンニング（懸垂）

主に鍛えられる筋肉

広背筋、大円筋

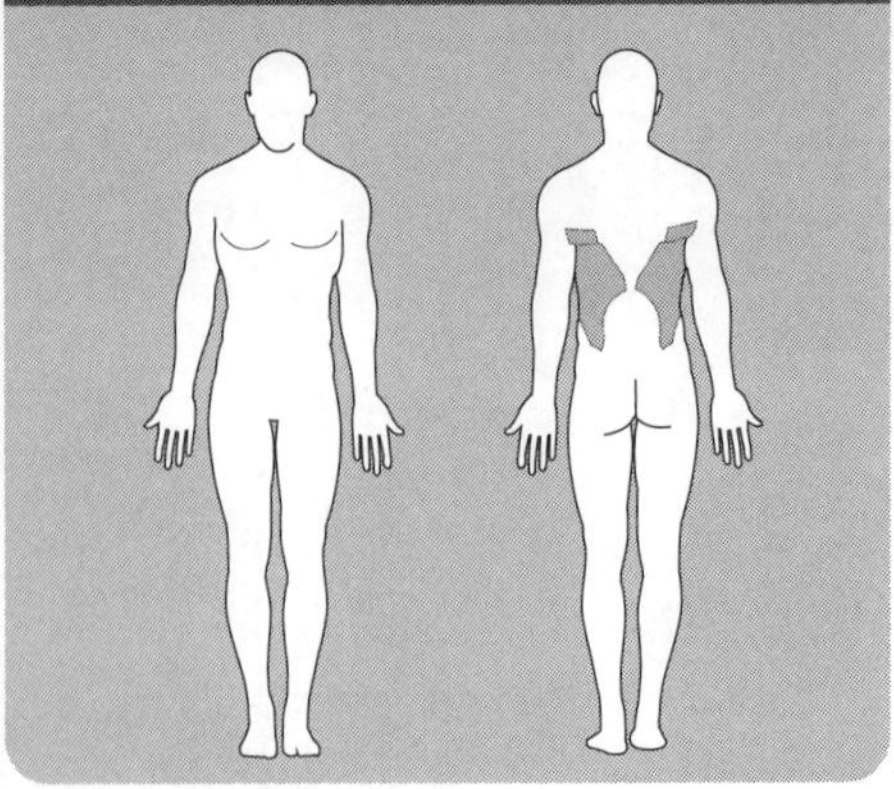

肩幅よりひと握り広い手幅でバーにぶら下がる。胸を張りながら身体を持ち上げ、バーがアゴより下まで来たら元に戻す。背中が丸くならないように足を後ろで組み、臀部に力を入れて上体を反らして行うようにする。これもパワーグリップを使ってOK。

レップスの目安

初級者：（補助チューブを使って）6回→4回→3回→2回

中級者：（自重で）4回→3回→2回→1回

上級者：（5回ギリギリできる重さのウエイトを付けて）4回→2回→2回→1回

スタート

肩幅より
ひと握り広い手幅で
バーにぶら下がる

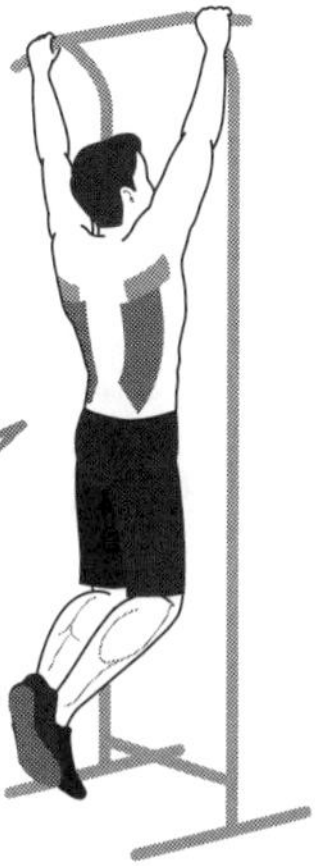

身体が下に来たとき、
背中の筋肉を
ストレッチさせる

フィニッシュ

胸を張りながら
身体を持ち上げる

上体を反らし、
膝を後ろにやって
全身をエビ反らせる
イメージで行う

きつい人は
補助チューブを使い、
10回以上ラクにできる
人はウエイトをつける

補助チューブを
使ったやり方の一例

NG

背中を丸め、
膝を持ち上げて
身体を上げる

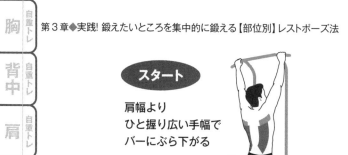

ジムトレ

肩のエクササイズ

1 サイドレイズ

主に鍛えられる筋肉

三角筋中部

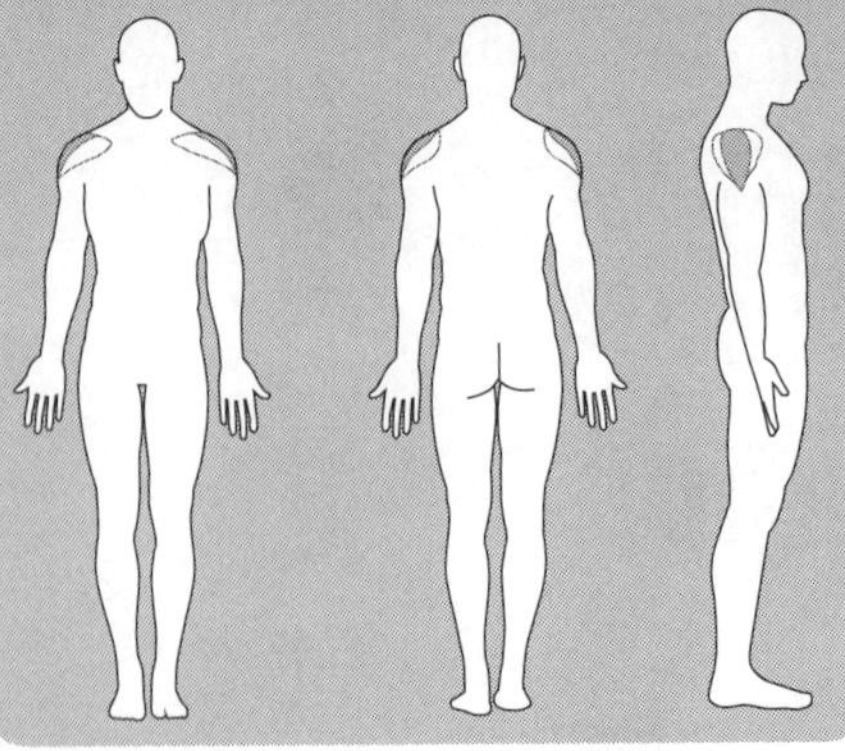

両手にダンベルを持って立ち、真横に上げていく。腕が地面と水平になるまで上げたら元の位置に戻す。肘は常に少しだけ曲げた状態をキープする。上げるときに肩をすくめてしまわないように注意する。

レップスの目安

初級者：(80%1RMで) 7回→6回→5回→4回

中級者：(85%1RMで) 6回→4回→3回→2回

上級者：(90%1RMで) 4回→3回→2回→2回

スタート

両手にダンベルを
持って立つ

肘は常に少し曲げた状態
(肘に余裕がある状態)
をキープ

フィニッシュ

ダンベルを真横に
上げていく

反動を使って行わない

NG

上げるときに
肩をすくめる

ジムトレ

肩のエクササイズ

2 アップライトロウ

主に鍛えられる筋肉

三角筋中部、上腕二頭筋

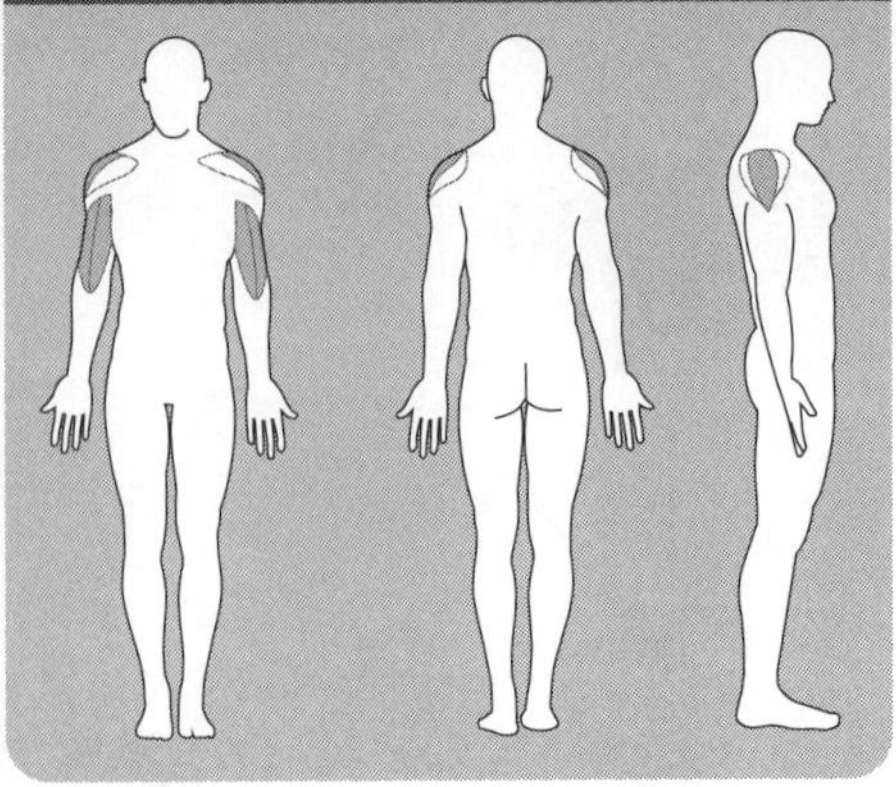

直立した状態でバーを肩幅よりやや狭くして持つ。バーを首まで引き上げていき、元の位置まで戻す。動作中は常に肘が手首より高くなるように注意すること。手首が痛くなる場合は少し広めに持っても良い。

レップスの目安

初級者：(80%1RMで) 7回→6回→5回→4回

中級者：(85%1RMで) 6回→4回→3回→2回

上級者：(90%1RMで) 4回→3回→2回→2回

スタート

直立した状態で
バーを肩幅より
やや狭くして持つ

動作中は常に
肘が手首より
高くなるようにする

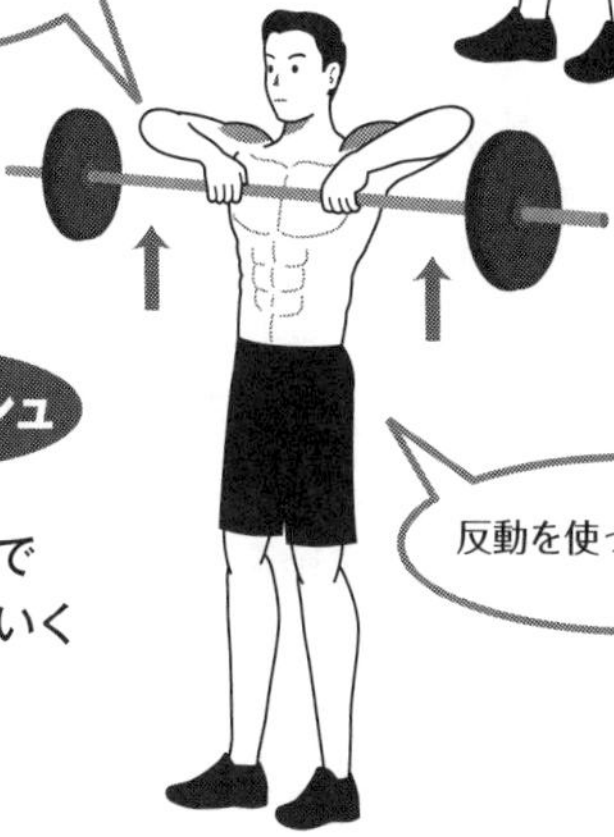

フィニッシュ

バーを首まで
引き上げていく

反動を使って行わない

NG

フィニッシュで
手首より肘が
低くなってしまう

ジムトレ
肩のエクササイズ
3 ケーブルサイドレイズ

主に鍛えられる筋肉
三角筋中部

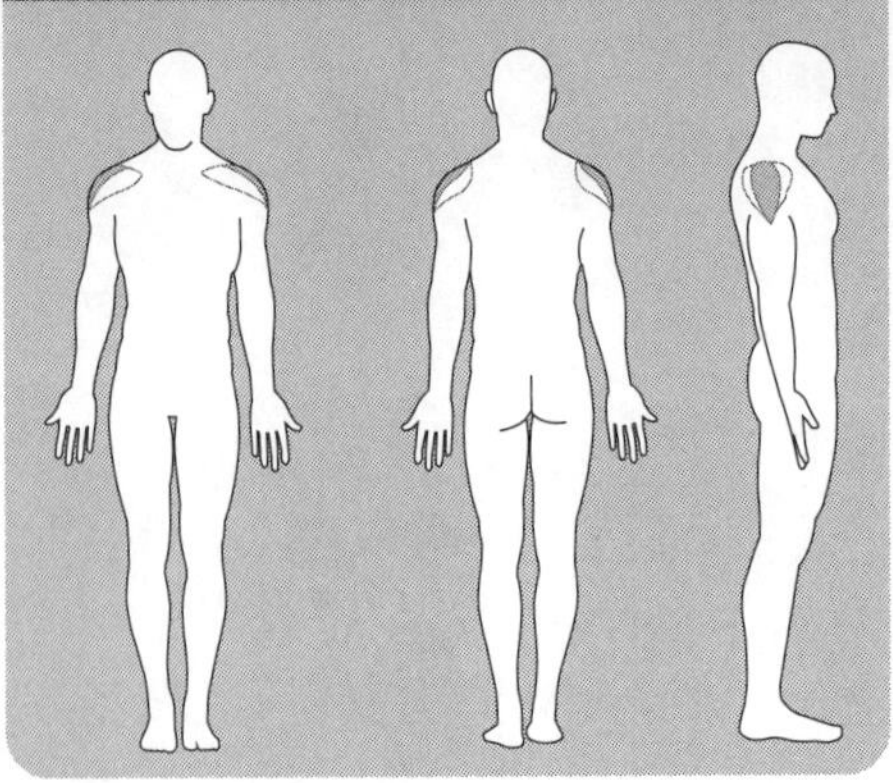

滑車を一番下の位置に持っていき、両手をクロスさせてハンドルを持つ。サイドレイズの要領で同時に真横に上げ、元の位置に戻す。次のセットではクロスを逆にして行う。1セット目で右腕が上に来たら、2セット目では左腕を上にする。

レップスの目安

初級者：(80%1RMで)7回→6回→5回→4回
中級者：(85%1RMで)6回→4回→3回→2回
上級者：(90%1RMで)4回→3回→2回→2回

スタート

滑車を一番下の位置に持っていき、
両手をクロスさせてハンドルを持つ

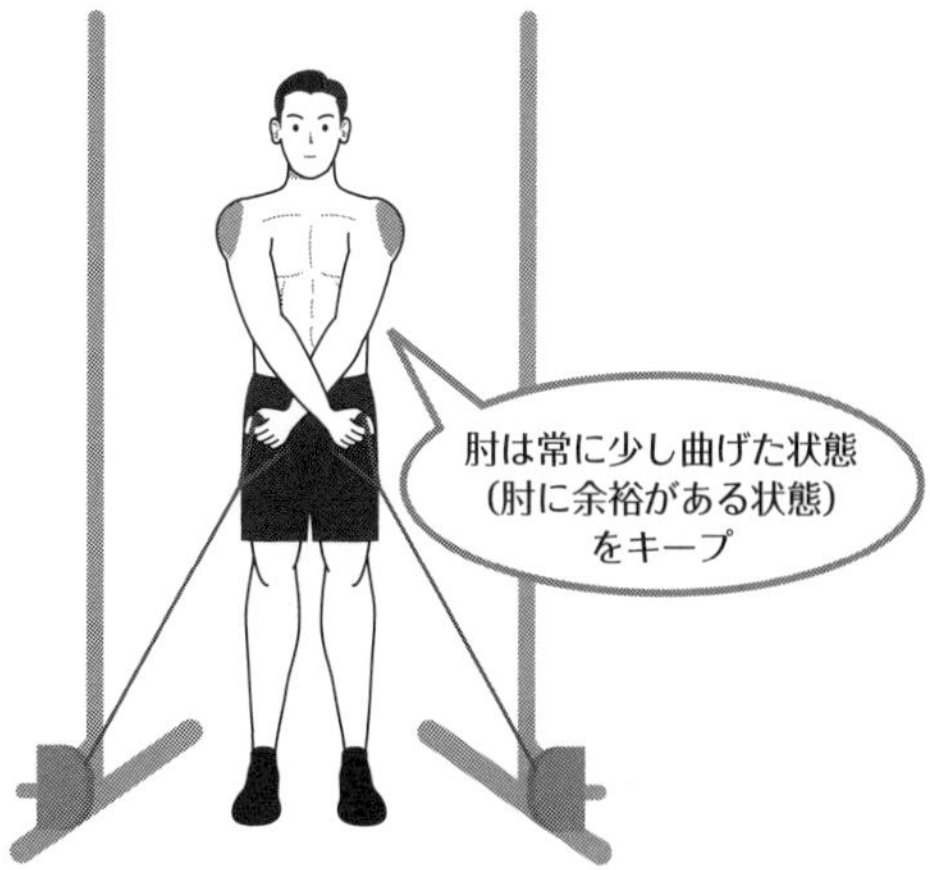
肘は常に少し曲げた状態
(肘に余裕がある状態)
をキープ

フィニッシュ

サイドレイズの要領で
同時に真横に上げる

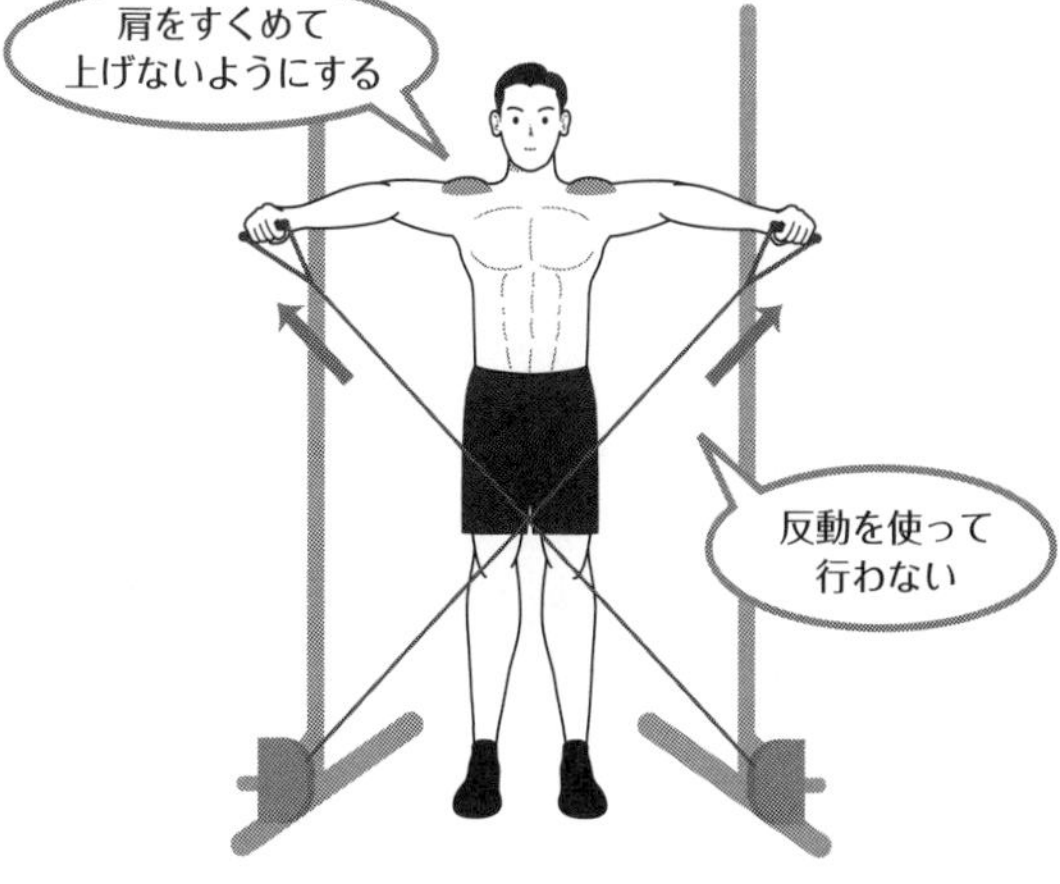
肩をすくめて
上げないようにする
反動を使って
行わない

ジムトレ

腕のエクササイズ

1 スミスナローベンチプレス

主に鍛えられる筋肉

上腕三頭筋、大胸筋内側

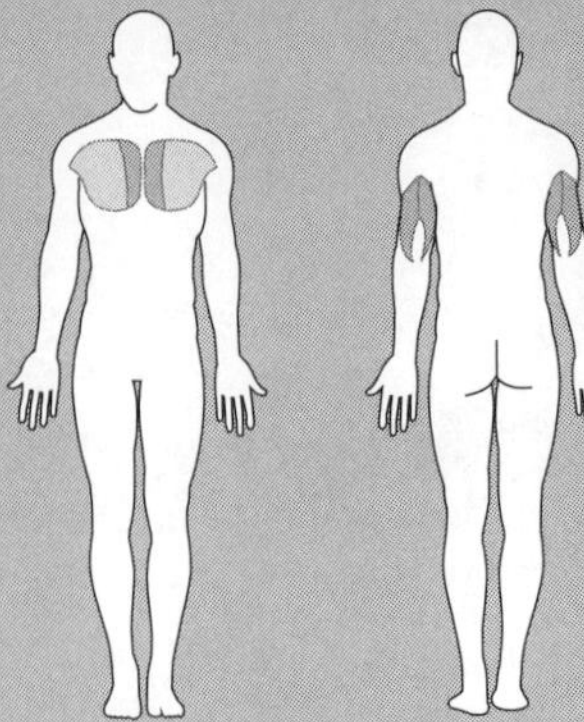

スミスマシンで狭いグリップでのベンチプレスを行う。手幅は肩幅くらいにし、バーを下ろす位置が大胸筋中部に来るような位置に仰向けになること。バーが胸まで触れたら肘を伸ばし、伸ばしきったらまた胸まで下ろす。肘を寝かせず、手首の真下に肘がくるようにする。

レップスの目安

初級者：(80%1RMで)6回→5回→3回→3回

中級者：(85%1RMで)5回→4回→3回→2回

上級者：(90%1RMで)4回→3回→2回→1回

大胸筋中部
(乳首あたり)に
当たるまで
バーを下ろす

スタート

スミスマシンで
狭いグリップで
バーを持つ

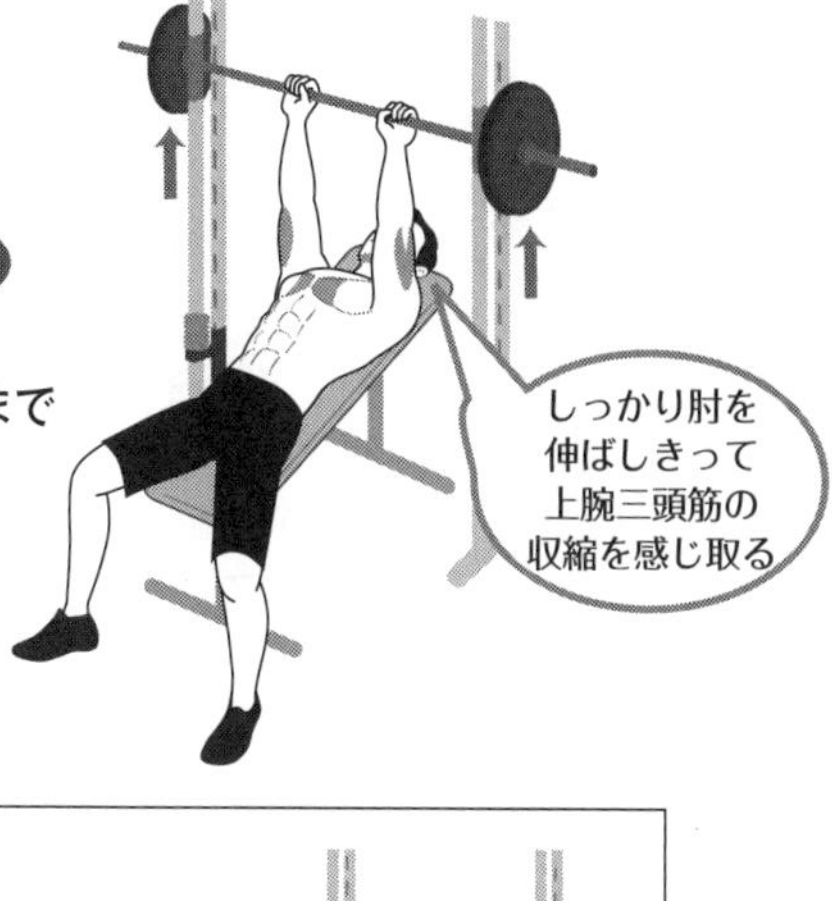
しっかり肘を
伸ばしきって
上腕三頭筋の
収縮を感じ取る

フィニッシュ

肘を伸ばしきるまで
バーを上げる

NG 鎖骨の上あたりで
上下させる

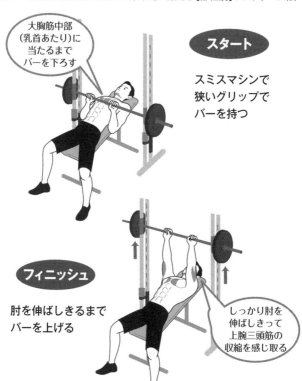

ジムトレ
腕のエクササイズ

2 アンダーグリップチンニング

主に鍛えられる筋肉

上腕二頭筋、広背筋

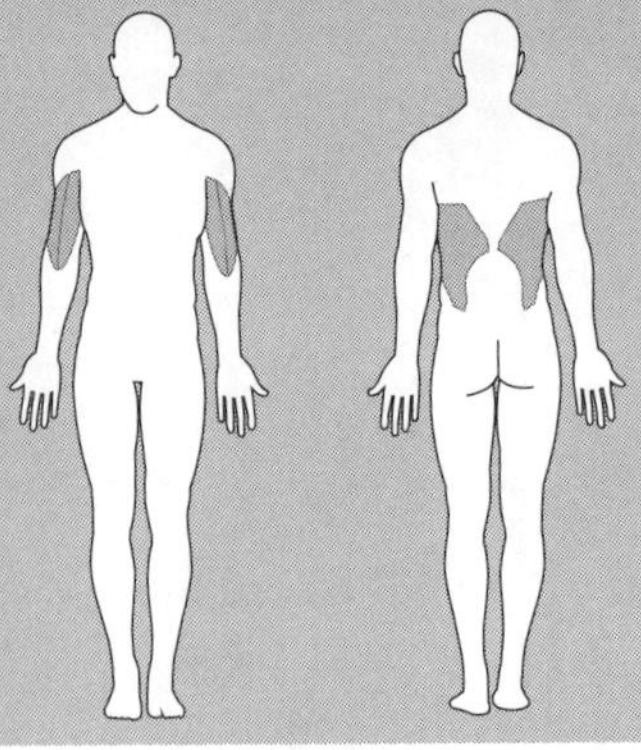

逆手で行うチンニング。手幅を肩幅くらいにして逆手でバーを持ち、肘を曲げきることを意識して身体を持ち上げていく。普通のチンニングは胸を張って上体を反らすことで背中に効かせるが、このエクササイズは腕を狙うため、胸を張ることは意識しなくて良い。下ろすときは完全に肘を伸ばしきること。

レップスの目安

初級者：(補助チューブを使って)6回→4回→3回→2回

中級者：(自重で)4回→3回→2回→1回

上級者：(5回ギリギリできる重さのウエイトを付けて)4回→2回→2回→1回

スタート

逆手でバーを持つ

身体を
下ろすときは
肘を伸ばしきる

フィニッシュ

肘を曲げきることを
意識して
身体を持ち上げる

NG

膝を持ち上げて、
お腹の力などを使って
身体を持ち上げる

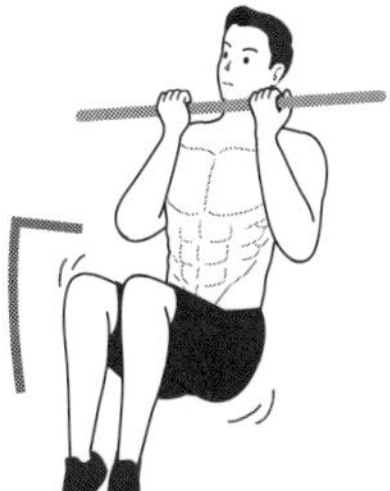

ジムトレ

腕のエクササイズ

3

インクラインダンベルカール

主に鍛えられる筋肉

上腕二頭筋

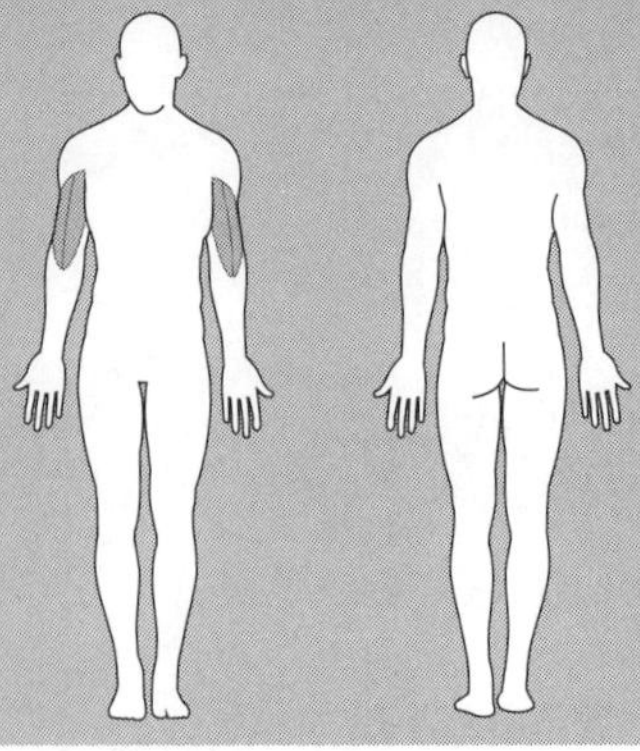

45度のインクラインベンチに仰向けになり、両手にダンベルを持つ。肘を伸ばした状態では親指を前に向ける。肘を曲げつつ、手首を捻って手のひらが上を向くようにする。肘を曲げきったら親指を前に向けつつ、肘を伸ばしていく。動作中に肘が前後に動かないように注意。

レップスの目安

初級者：(80%1RMで)6回→5回→4回→3回
中級者：(85%1RMで)5回→4回→3回→2回
上級者：(90%1RMで)3回→2回→2回→1回

スタート

45度の
インクラインベンチに
仰向けになり、
両手にダンベルを持つ

ダンベルを
下ろしたときに、
上腕二頭筋が
十分にストレッチ
されるように
45°

＜スタート＞では手のひらが
自分のほう（親指が前）、
＜フィニッシュ＞では
手のひらが上となる

フィニッシュ

肘を曲げながら、
手首を捻って
ダンベルを持ち上げる

NG ダンベルと一緒に肘が
上がってしまう

ジムトレ

脚のエクササイズ

1

45度レッグプレス

主に鍛えられる筋肉

大腿四頭筋、内転筋、ハムストリング、大殿筋

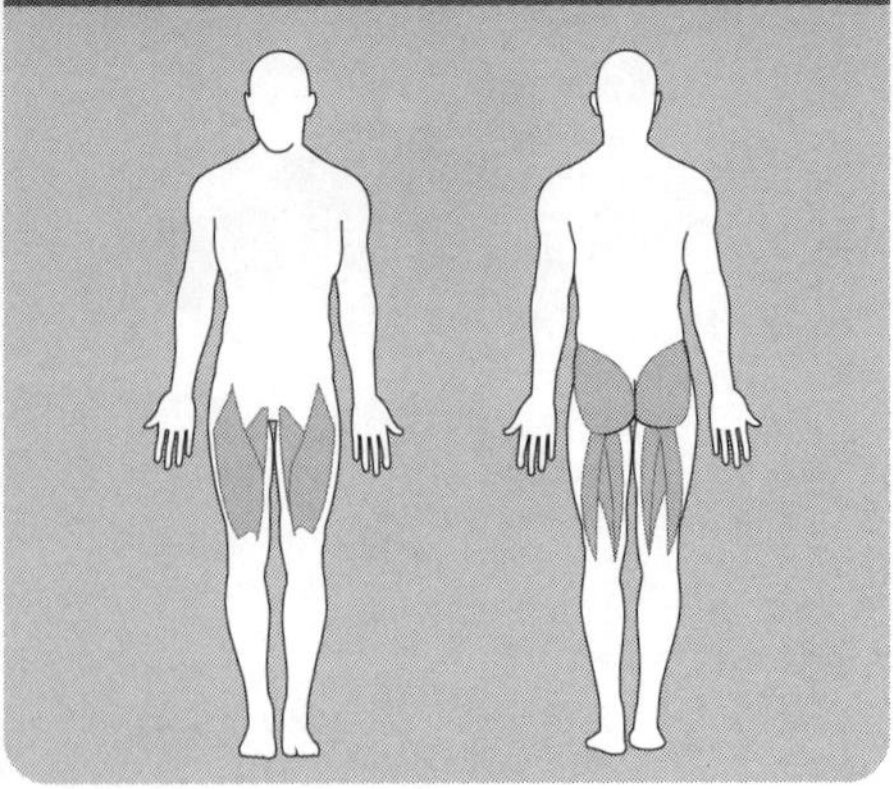

45度のレッグプレスマシンに座り、フットプレートに足を置く。足幅は肩幅程度でつま先を少し外側に向ける。ストッパーを外して膝を曲げ、腰が丸くならないギリギリのところまで下ろす。下ろしすぎると腰を痛めることがあるので注意。カカトと母指球に均等に負荷がかかる高さに足を置くこと。

レップスの目安

初級者：(70%1RMで) 10回→8回→6回→4回
中級者：(80%1RMで) 8回→6回→4回→3回
上級者：(90%1RMで) 4回→3回→2回→2回

スタート

45度レッグプレスマシンに座り、フットプレートに足を置く

足幅が狭いと大腿四頭筋、
広いと内転筋への
刺激が強くなる

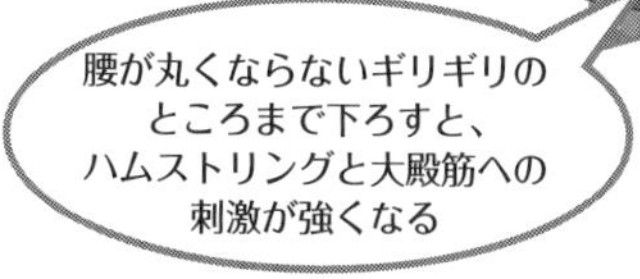
腰が丸くならないギリギリの
ところまで下ろすと、
ハムストリングと大殿筋への
刺激が強くなる

フィニッシュ

脚を伸ばしてフットプレートを上げる

NG

フットプレートを下ろしすぎて腰が丸まってしまっている

ジムトレ
脚のエクササイズ

2 スミスナロースクワット

主に鍛えられる筋肉

大腿四頭筋、大殿筋、ハムストリング

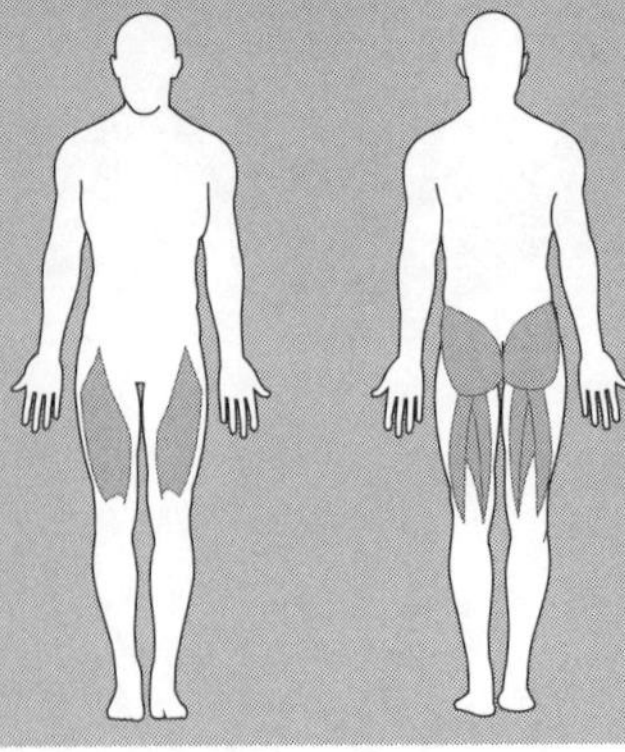

スミスマシンのバーを担ぎ、足を肩幅程度に開く。つま先は少しだけ外側に向ける。そして大腿部が地面と平行になるまでしゃがむ。一番下までしゃがんだときに上体が地面と垂直になるような位置に足を置くこと。普通のスクワットよりもやや足を前に置くことになり、上体が垂直になるため腰への負担が少なくなる。

レップスの目安

初級者：(70%1RMで)10回→8回→6回→4回
中級者：(80%1RMで)8回→6回→4回→3回
上級者：(90%1RMで)4回→3回→2回→2回

スタート

スミスマシンの
バーを担ぎ、
足は肩幅程度、
大腿部が地面と
平行になるまで
しゃがむ

一番下まで
しゃがんだときに
上体が地面と垂直に
なるような
位置に足を置く

フィニッシュ

バーを持ち上げて
膝を伸ばし、
立ち上がる

NG 上体が前傾して
腰が丸くなる、
膝が内側に入る

ジムトレ

腹のエクササイズ 1

インクラインリバースクランチ

主に鍛えられる筋肉

腹直筋

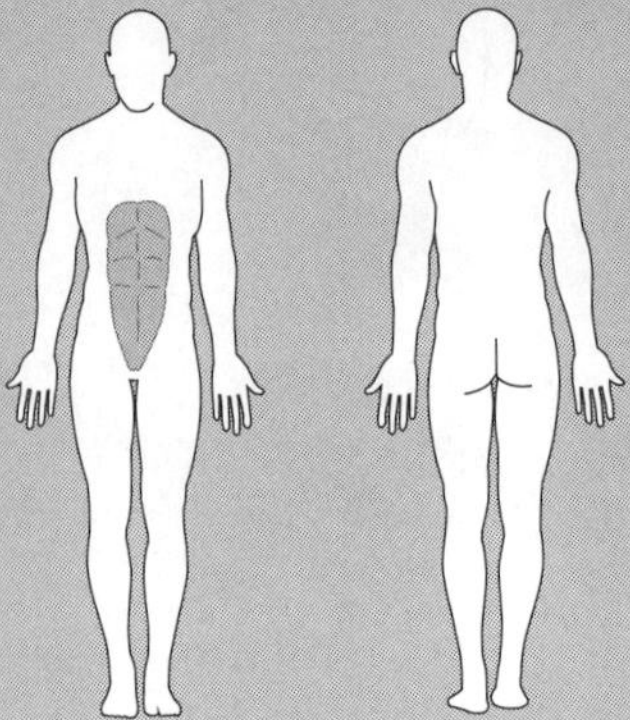

20度程度のインクラインベンチに仰向けになり、両手でベンチの端を持って身体を固定する。脚を持ち上げて膝を曲げつつ、腰を浮かせて膝を頭のほうに持っていく。腰が十分にベンチから浮いたら元に戻し、膝を伸ばしていく。

レップスの目安

初級者：6回→5回→4回→3回
中級者：10回→8回→6回→5回
上級者：15回→12回→10回→8回

スタート

20度程度の
インクラインベンチに
仰向けになり、
両手でベンチの
端を持つ

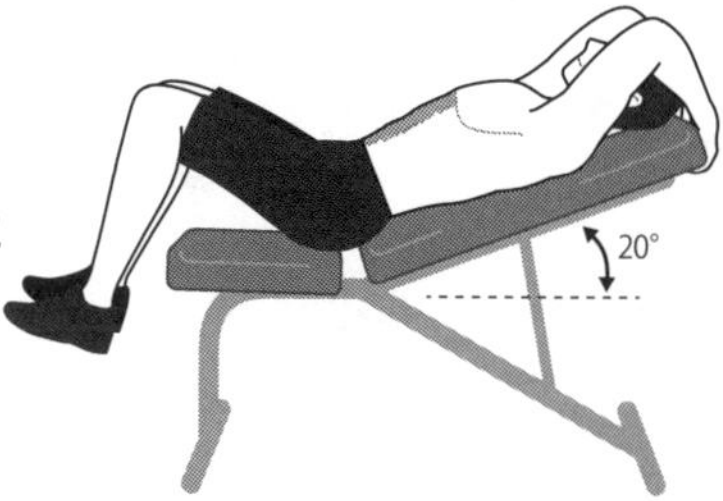
20°

フィニッシュ

脚を持ち上げて膝を曲げつつ、
腰を浮かせて膝を頭のほうに持っていく

反動をつけずに
ゆっくり脚を上下させる
より効かせたかったら、
傾斜角度を上げるか、
腰を浮かせた状態で
両膝を垂直に上げる

ジムトレ

腹のエクササイズ

2 ハンギングレッグレイズ

主に鍛えられる筋肉

腹直筋

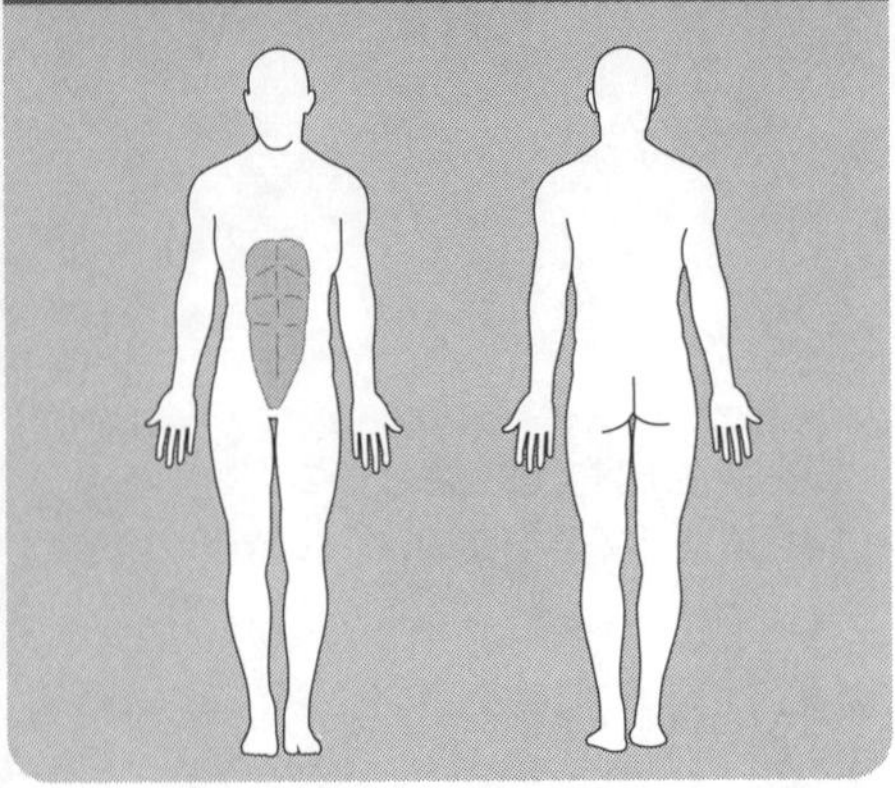

バーにぶら下がり、膝を曲げながら脚を持ち上げていく。背中が丸くなるまで脚を持ち上げたら元に戻していく。反動を使わず、スタートはゆっくり始動すること。

レップスの目安

初級者：6回→5回→4回→3回
中級者：10回→8回→6回→5回
上級者：15回→12回→10回→8回

スタート

バーにぶら下がる

脚を下ろしたときに、
しっかり腹直筋を
ストレッチする

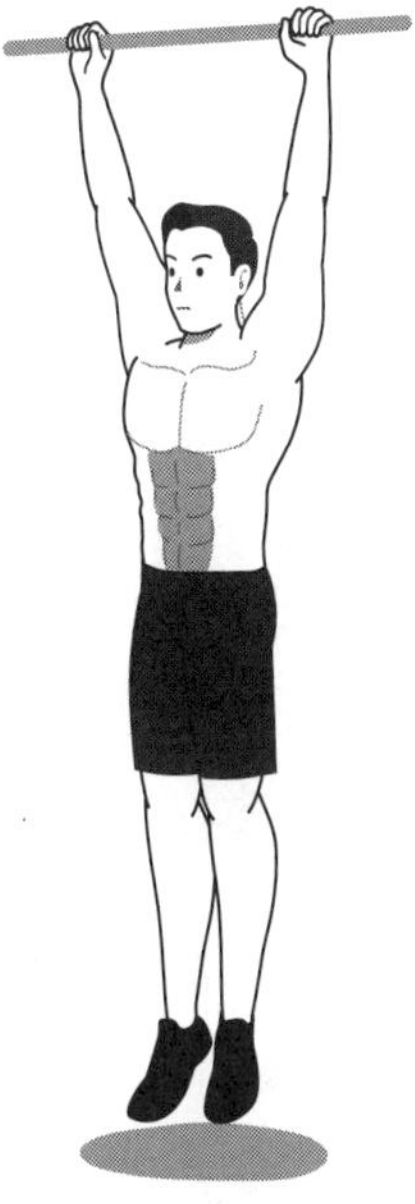

フィニッシュ

膝を曲げながら
脚を持ち上げていく

◆筋トレ効果が出ない一番の原因は？

正しいフォームでレップスや重量を伸ばしていくことが大事だと書きました。正しいフォームで行っていれば、トレーニングが足りなくて伸びないということは実はあまりありません。むしろやりすぎ（オーバーワーク）で伸びないことが多いのです。そのような場合は、普段よりもセット数を減らしたり、トレーニング頻度を空けたりしましょう。十分に回復させることで、ちゃんと伸びるようになるはずです。

また無理をしないことも大事です。ちょっと肩が痛いけど、我慢してやってみよう。漫画の主人公だったらそれがカッコイイのですが、現実はケガを悪化させるだけです。痛みは身体の危険信号。痛いときはその種目を避け、痛みのない種目だけを行うようにします。

第4章

最短・最速で体を作る「レストポーズ法」筋トレプログラム

◆腕・肩・胸・背中・脚・腹…どういう順番で行うといいか？

前章では、まずは自分が一番鍛えたいところだけを集中的に鍛えて構わない、ということをお伝えしました。

1部位＝2分程度で効率的に筋肉を追い込めるレストポーズ法で、自分が一番鍛えたいところを集中的に鍛え、それによってバルクアップの効果を短期間で実感できたほうが、筋トレを続けるモチベーションも上がります。

とはいえ、腕なら腕、胸なら胸の一部位だけを鍛えたいという人は少ないでしょう。腕と胸を鍛えてたくましい上半身を作りたい、胸と背中をトレーニングして分厚い胸板にしたい、あるいは、上半身と体幹と下半身のバランスが整ったマッチョなボディを作りたい、という人もいるはずです。

それであるなら、自分が鍛えたい部位のバルクアップを実感し、筋トレへのモチベーションがさらに高まったところで、他の部位にトレーニングの範囲を広げていく、という考え方もできるでしょう。

そのようにいくつかの部位を同時に鍛える場合、どのような順番で行えば良いのでしょうか。

「筋優先法」という考え方があります。これはもっとも鍛えたい部位を最初に行い、あまり重視しない部位は最後のほうに持ってくるという方法です。

一番フレッシュな状態でトレーニングを始めることで、重要な部位にエネルギーを多く割くことができます。逆に重視しない部位はエネルギーが切れてきた後半でやるわけです。

同じような考え方で、「大きな筋肉からはじめ、だんだん小さい筋肉に移っていく」という考え方もあります。大きな筋肉はトレーニングにエネルギーが必要だから先に行い、小さい筋肉は少々エネルギーが切れた後半でも、なんとかやれきれるという考え方です。

ただし、大きな筋肉となると脚が真っ先に挙げられます。最初に脚をやりたいという人は、あまりいないかもしれませんが。

◆「補助筋」の関与を考慮して決める方法も

もう一つ大事な考え方が、「補助筋」の関与です。腕立て伏せを例にとると、メインで鍛えられるのは胸の筋肉（大胸筋）です。しかし腕を伸ばす筋肉（上腕三頭筋）も使われます。先に上腕三頭筋をトレーニングしてしまうと、上腕三頭筋に疲労が残って腕を伸ばせなくなり、腕立て伏せが満足にできなくなるかもしれません。これでは胸を鍛えることが難しくなります。

腕の筋肉は胸のトレーニングだけでなく、背中のトレーニングにおいても補助筋として働きます。そのため、腕は先にトレーニングしないほうがいいと言えます。もちろん腕だけトレーニングしたい場合は別ですが。

同じように、腹筋など体幹部の筋肉は姿勢を維持するため、多くのエクササイズで補助筋として働きます。先に腹筋をトレーニングすると、腕立て伏せをするときに腹に力が入らず、うまくできなくなる可能性があります。

　このようなことを考えると、大きな筋肉から行う場合は、

「**脚↓背中↓胸↓肩↓腕↓腹**」

という順番がいいでしょう。脚は重視せず、上半身を重視したい場合は、

「**胸↓背中↓肩↓腕↓脚↓腹**」

という流れが一般的です。胸を先にやるのは、背中のほうが胸より筋肉は大きいのですが、多くの方は胸のトレーニングを重視するためです。

なお、実際は肩の筋肉が上半身で一番大きいのですが、肩の筋肉は大きく三つに分けられ（三角筋前部・中部・後部）、それぞれ違うエクササイズをやることになります。一つあたりだと筋肉量は小さくなるため、後に回しています。

プログラム
1
自重トレ

初級者モデルプログラム
上半身重視

パイクプッシュアップをレストポーズ法で

4回→3回→2回→1回
※1セットのみ

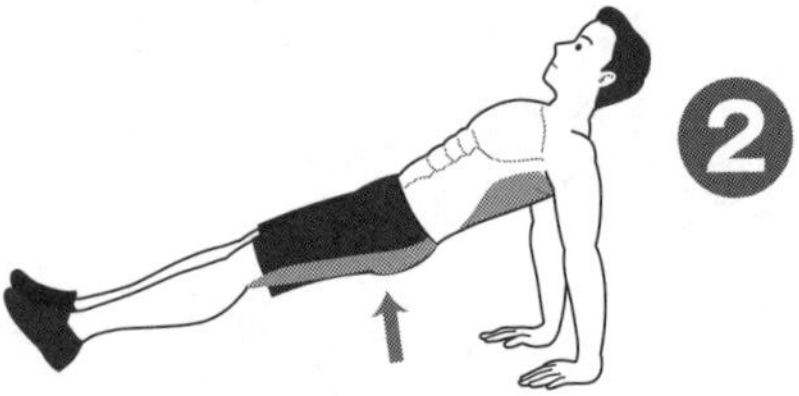

ハイリバースプランクをレストポーズ法で

20秒キープ→15秒キープ→10秒キープ→10秒キープ
※1セットのみ

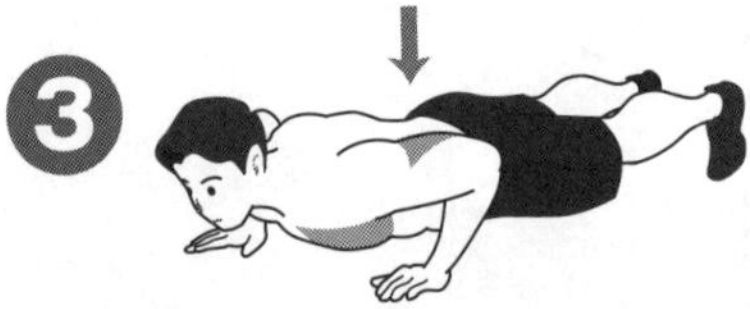

プッシュアップをレストポーズ法で

4回→3回→2回→1回
※1セットのみ

ワイドスクワットを普通のやり方で

20回2セット、インターバル2分

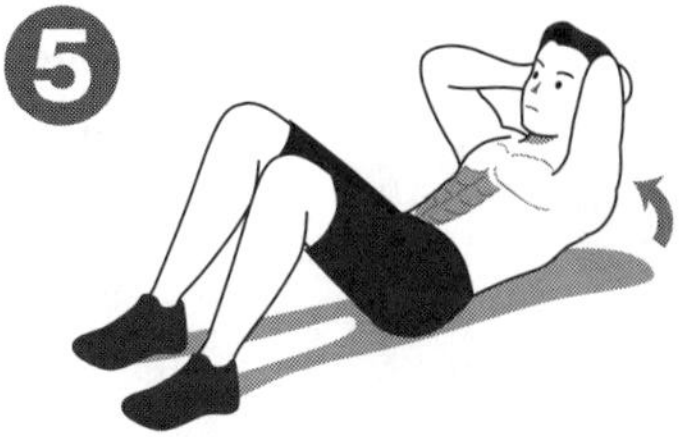

クランチを普通のやり方で

15回2セット、インターバル2分

- 以上を中２～３日で週２回。初級者の場合は自重だけで十分に鍛えることができますが、体力のある方は簡単すぎて物足りないかもしれません。その場合は中級者モデルプログラムを行いましょう。
- 下半身も重視したかったら、ここに「ブルガリアンスクワット」（92ページ）を加えます。

プログラム
2
自重&ジム

中級者モデルプログラム
胸と腹重視

月曜日

ジムでトレーニング：胸と背中、肩、腹

ベンチプレスを
レストポーズ法で

90%1RMで4回→3回→2回→1回

ダンベルフライを
普通のやり方で

80%1RMで8回2セット

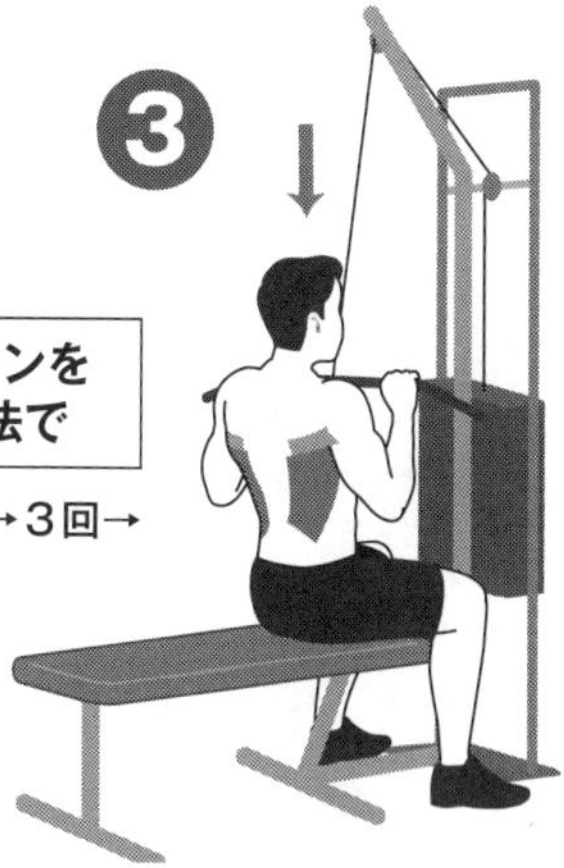

**ラットプルダウンを
レストポーズ法で**

90％１RMで４回→３回→
２回→１回

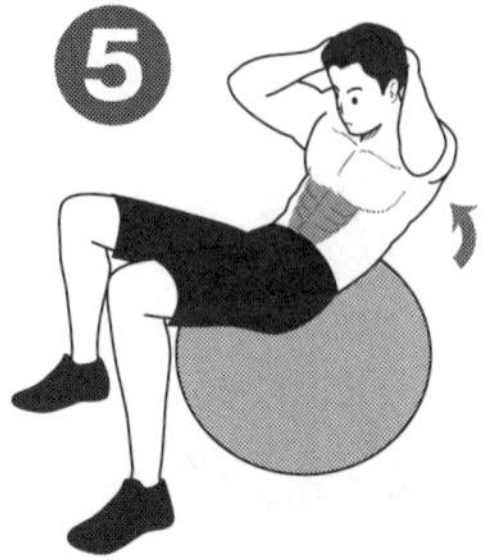

**サイドレイズを
普通のやり方で**

80％１RMで8回２セット

**ボールクランチを
普通のやり方で**

自重で 20 回２セット

▶ 下半身も重視したかったら、ここに「45 度レッグプレス」（124 ページ）を加えても良い。

水曜日

家でトレーニング：腕と脚

1

チューブカールを
普通のやり方で

20回2セット

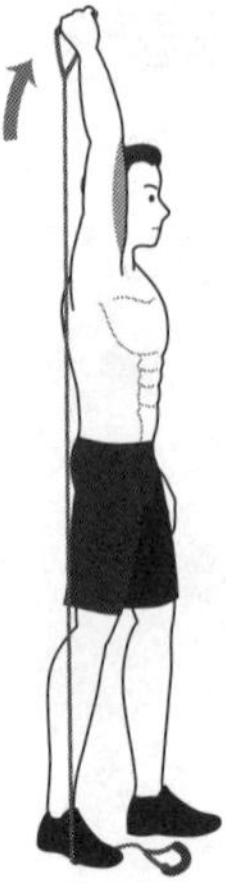

2

チューブ
エクステンションを
普通のやり方で

20回2セット

3

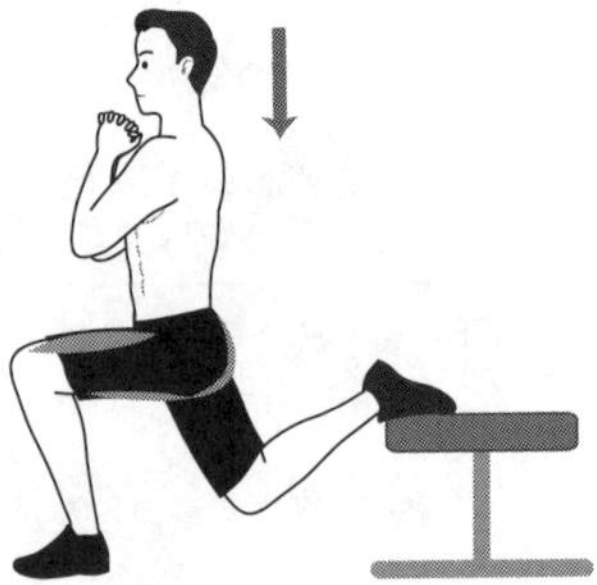

ブルガリアン
スクワットを
3/7法で

自重で2～3セット

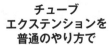

金曜日 ジムでトレーニング：胸と背中、肩、腹

**ベンチプレスを
ハイレップス・
レストポーズ法で**

50％１RMで 20 回→5 回
→5回

**インクライン
ダンベルフライを
ハイレップス・
レストポーズ法で**

50％１RMで 20 回→5 回
→5回

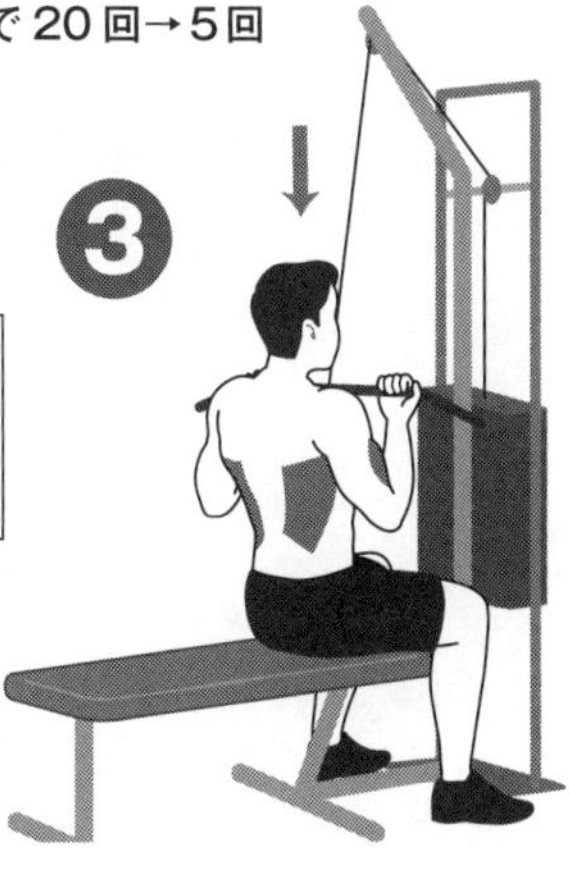

**アンダーグリップ
ラットプルダウンを
3/7 法で**

１セット目は下でキープ、
２セット目は上でキープ

**サイドレイズを
ハイレップス・
レストポーズ法で**

50%１RMで 20 回→５回
→５回

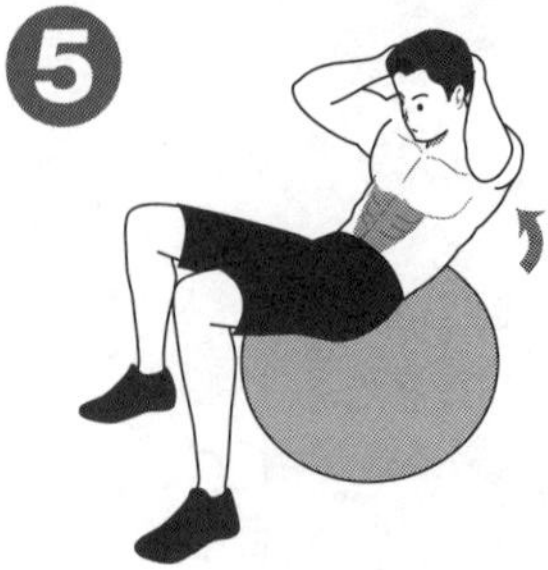

**ボールクランチを
3/7 法で**

１セット目は上でキープ、
２セット目は下でキープ

- 中級者となると負荷がどうしても自重では足りなくなるため、ジムでもトレーニングするようにしたいところです。ただし毎回ジムに行くのは大変なので、週１回は家でやり、残り２回をジムでやるというプログラムを紹介しました。
ジムでのトレーニングは強弱をつけ、レストポーズ法や普通のやり方でやる「重い日」と、ハイレップス・レストポーズ法や 3/7 法でやる「軽い日」に分けていきます。
- 下半身も重視したかったら、ここに「スミスナロースクワット」（126 ページ）を加えます。

プログラム
3
自重＆ジム

上級者モデルプログラム

上半身重視

プログラムA

ヘビーの日

①

ベンチプレスを
レストポーズ法で

90％１RMで４回→３回→２回→１回

②

インクラインダンベルフライを
レストポーズ法で

90％１RMで４回→３回→２回→１回

3

**チンニングを
レストポーズ法で**

90％1RMで4回→3回→2回
→1回

4

**アップライトロウを
レストポーズ法で**

90％1RMで4回→3回→2回
→1回

5

**スミスナロー
ベンチプレスを
レストポーズ法で**

90％1RMで4回→3回→
2回→1回

6

**アンダーグリップ
チンニングを
レストポーズ法で**

90％1RMで4回→3回→2回→1回

7

**ワイドスクワットを
レストポーズ法で**

90％1RMで4回→3回→2回→1回

8

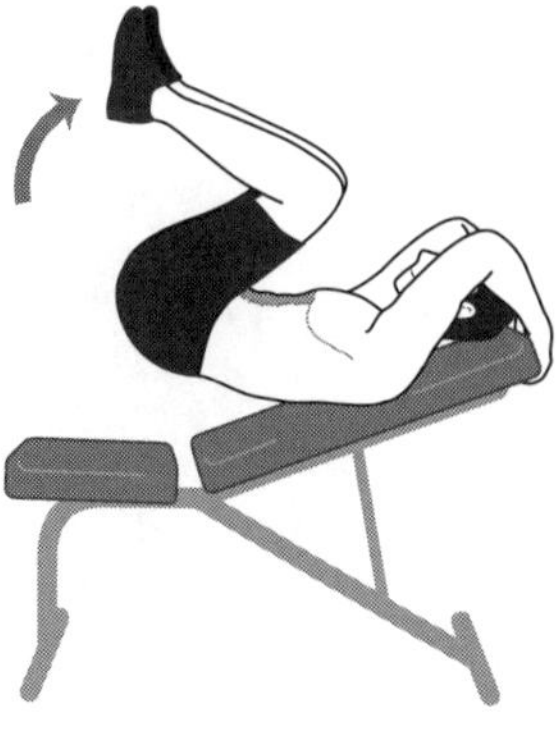

**インクライン
リバースクランチを
普通のやり方で**

15回1セット

▶ 下半身も重視したかったら、ここに「スミスナロースクワット」（126ページ）を加えます。

プログラムB

ライトの日

1

ベンチプレスを
山本式 3/7 法で

60%１RMで２セット。１セット目のインターバルは下、２セット目は上

2

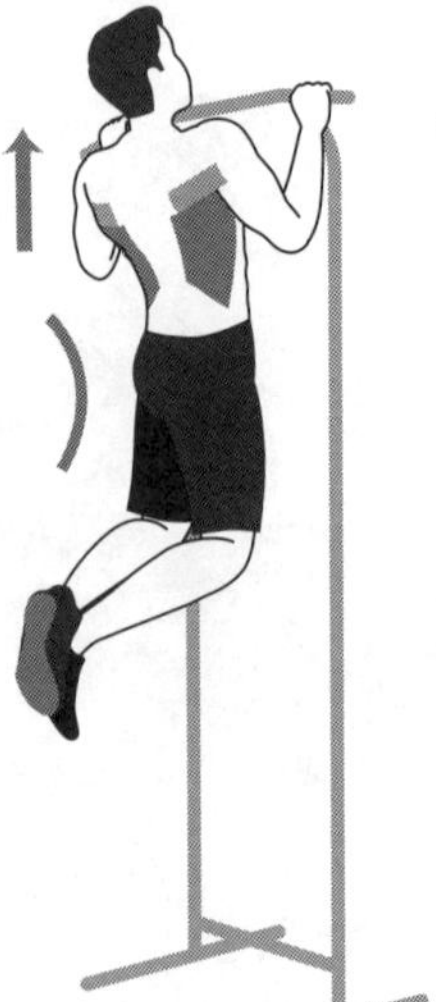

チンニングを
ハイレップス・
レストポーズ法で

50%１RMで 20 回→５回→５回

3

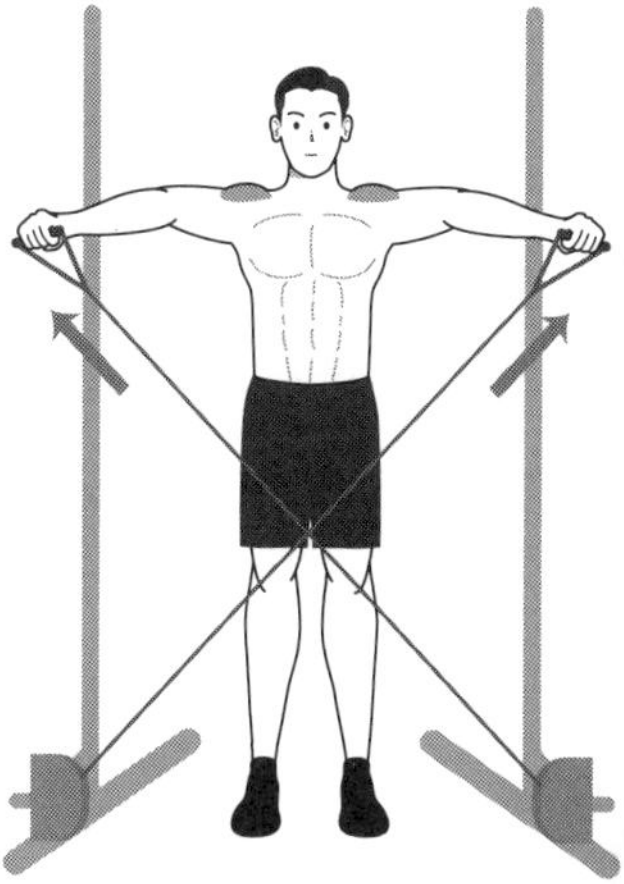

ケーブルサイドレイズをハイレップス・レストポーズ法で

50%１RMで 20 回→５回→５回

4

スミスナローベンチプレスを山本式 3/7 法で

60%１RMで２セット。１セット目のインターバルは下、２セット目は上

5

インクラインダンベルカールをハイレップス・レストポーズ法で

50%１RMで 20 回→５回→５回

⑥

45度レッグプレスを
ハイレップス・レストポーズ法で

50%1RMで20回→5回→5回

⑦

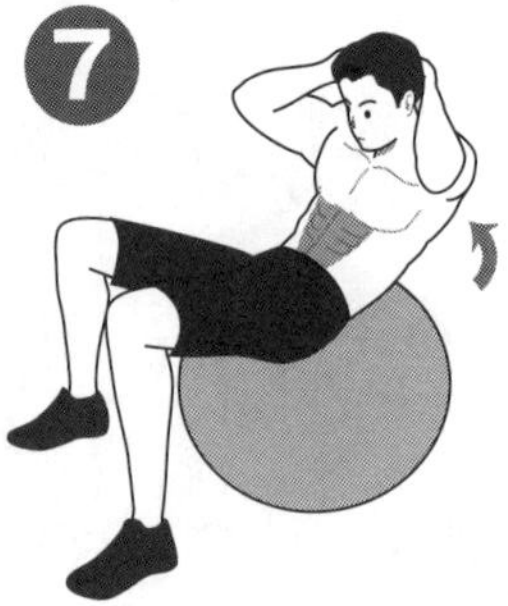

ボールクランチを
ハイレップス・
レストポーズ法で

30回→5回→5回

ライトの日はポンポンと上げてしまいがちだが、軽いからといって反動を使わず、丁寧に上げ下げするように注意したい。そのほうが化学的ストレスをしっかり与えることができる。

プログラムC
ミディアムの日

インクラインダンベルベンチプレスを普通のやり方で

80%１RMで８回２セット

チンニングを普通のやり方で

80%１RMで８回２セット

3

**サイドレイズを
普通のやり方で**

80%1RMで8回2セット

4

**スミスナロー
ベンチプレスを
普通のやり方で**

80%1RMで8回2セット

5

**インクライン
ダンベルカールを
普通のやり方で**

80%1RMで8回2セット

スミスナロースクワットを普通のやり方で

80％１RMで８回２セット

ハンギングレッグレイズを普通のやり方で

15回２セット

- この「上級者モデルプログラム」では、A→オフ→オフ→B→オフ→オフ→C→オフ→オフ→Aに戻るというように中２日でA、B、Cを回していく。
- 上級者の場合はヘビーとミディアム、ライトに分けて行う「マンデルブロ・トレーニング」をおすすめします。ジムの設備にもよりますが、種目を変えてしまっても構いません。ヘビーの日はウエイトを付けたチンニングをやり、ライトの日はラットプルダウンにするというような使い分けでもOKです。

◆筋合成を高めるトレーニング後の筋肉ケア

・ストレッチ

筋肉のケアとして皆さんが真っ先に思いつくのは、「静的ストレッチ」ではないでしょうか。これは筋肉をゆっくりと伸ばした状態で数十秒にわたって止めるもので、部活動などでやったことのある人は多いと思います。

静的ストレッチはウォームアップとして行われることも多いのですが、最近の研究では静的ストレッチが筋力を一時的に低下させることがわかっています。また、ケガを予防する効果も期待できないことも判明しています。そのため筋トレや運動の直前に静的ストレッチを行うことは推奨されていません。

いっぽうで、動的ストレッチはそのようなデメリットがないとされています。動的ストレッチとは、ラジオ体操のように「イチ、ニのサン！」と身体を動かしながら筋肉を伸ばすもので、これは筋力低下が起こりません。

そこでいまでは、多くの競技アスリートは練習前に動的ストレッチをやるようになっています。

ただし、筋トレの効果を高めるためには、静的ストレッチも必要です。たとえばスクワットの場合、身体が硬くて深くしゃがめないと可動域が狭くなってしまいます。静的ストレッチによって関節の可動域を広げておくと、筋肉の仕事量も増えて、筋トレ効果が高まるのです。

また、ストレッチ自体にも、筋肥大効果があることが明らかになっています。

そこで、トレーニングが終わってから静的ストレッチをすることをおすすめします。ジムでやってもいいですし、できればトレーニング後に風呂に入って身体を温めた状態でやると、筋肉がストレッチされやすくなり、さらに効果的です。

・温める

いま「温める」と書きました。筋温が低い状態だと、トレーニング時、筋肉を伸ばした拍子にケガをしてしまう可能性があります。

逆に、筋温が高いとストレッチで伸びやすくなります。それだけではなく、筋肉を温めることは筋肥大にも良い可能性があるのです。

ラットの研究ですが、41度の部屋に1日1時間閉じ込めたところ、筋重量が増えたという報告があります。これは筋トレに置き換えると、鍛えた部位を適度に温めるとより筋肥大効果を期待できるということです。

では冷やすのはどうでしょうか。

プロ野球のピッチャーが登板後に肩をアイシングしているシーンを見たことがあるかもしれません。

しかし、筋トレの場合、直後にあまり冷やすのは良くなさそうです。トレーニング後にアイシングをした研究で、筋タンパク合成が低下したという報告があるのです。

ピッチャーは肩を酷使するため、炎症を抑えようとしてアイシングをするのですが、筋トレの場合は、炎症そのものが筋発達を促すため、トレーニング効果が落ちてしまいます。筋
日本のプロ野球ではいまでも登板後にアイシングをしているようですが、メジャーリーグ

では、登板後にアイシングをしない選手が増えてきているようです。
筋トレにおいてベストな流れとしては、次のようになります。

「トレーニング前にダイナミック（動的）ストレッチ」
↓
「トレーニングが終わったらサウナや風呂で温める」
↓
「その後、静的ストレッチで温まった筋肉を伸ばす」

・マッサージガン

てっとり早く筋肉を疲労回復させたいと思ったときに、すぐに思い浮かぶのが指圧やマッサージなどでしょう。しかし、指圧やマッサージが筋肉の疲労回復に効果的かというと、必ずしもそうではないようです。

というのも、筋肉を包んでいる筋膜はらせん状の構造をしています。ということは、伸

(図表4-1)マッサージガンの一例(VALX コンディショニング ガン)

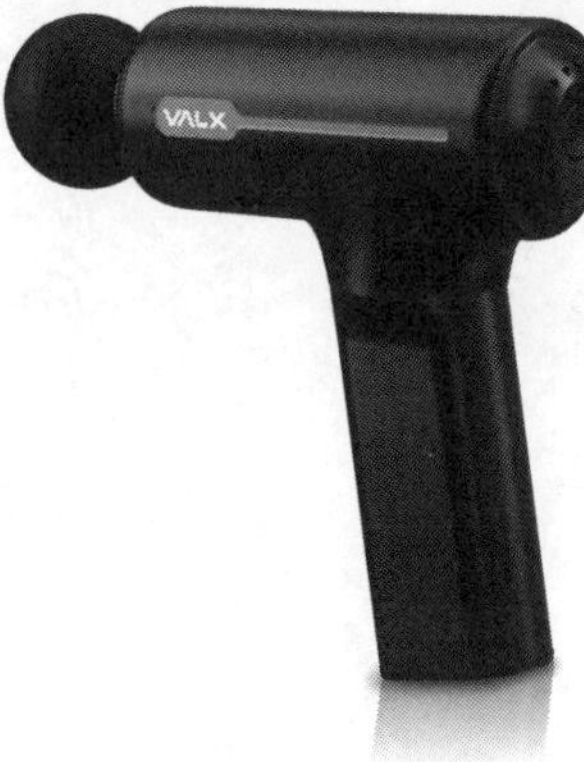

ばそうとして一定の方向に圧力を加えると、逆方向はむしろ圧迫されてしまう可能性もあるからです。

そこで「振動を与える」のです。マッサージガンなどを使って振動を与えることで、3D的、全方位的に筋肉をゆるめることが可能となります。

なお、ジムなどに置いてある、身体全体に振動を与えられるようなマシン(Power Plate)を使うことで、体脂肪の増加が抑えられ、さらに骨の形成が促進されたという報告もあります。コリを感じた場所に30秒ほど軽く当てるだけで、ほぐれてくるのを実感できると思います。

第5章

筋トレ効果をさらに高める食事&生活習慣

◆「トレーニング後30分以内にプロテイン」は効果的なのか？

筋トレ効果を高める食品は何か。そう聞かれたとき、トレーニーであれば「プロテイン」と答える人が多いと思います。

「プロテイン」の本来の意味は「タンパク質」なのですが、日本で「プロテイン」というと、タンパク質を主成分とする補助食品（粉末、ドリンク、サプリメントなど）を指す場合が多いので、本書でもその意味で使っています。

さて、筋肉の原料となるタンパク質を摂ると、腸でアミノ酸に分解されて体内に吸収され、筋肉に取り込まれます。その際、プロテインは、肉や魚などからタンパク質を摂るよりも、吸収速度が速く、血中のアミノ酸濃度が高まりやすい、というメリットがあります。

その点から、トレーニングによってダメージを受けた筋肉を修復し、大きく、強くするうえで、プロテインは筋トレ効果を高めてくれる食品と言えるのです。

そのため、トレーニング直後はすぐにプロテインを飲もう。少し前まではこのような考え方が支配的でした。筋肉のためにプロテインを飲む最適な時間帯として、「ゴールデンタイム」（たいていトレーニング後30〜45分以内）という表現も出てきたくらいです。

実際にトレーニング直後にプロテインを飲んだ場合とトレーニング終了２時間後に飲んだ場合とで比較したところ、直後に飲んだ群は筋肉量と筋力が大きく向上したのに対し、２時間後に飲んだ群は筋力が少しだけ増えたに過ぎなかったという報告があります(Esmarckら、2001)。

しかし第１章で書いたとおり、トレーニングを始めると、すぐに筋肉の合成と分解が始まります。そのため、トレーニング開始時点ですでに血中アミノ酸濃度を高めておく必要があります。アミノ酸の血中濃度が高いほど、筋肉は盛んに合成されるようになるからです。

タンパク質を構成するアミノ酸は20種類ありますが、その中でも、体内で合成できず、筋肉を作るうえで欠かせないものを必須アミノ酸といいます。

その必須アミノ酸をトレーニング前とトレーニング後に飲んで比較した研究（Tipton ら、2000・Tipton ら、2001）では、トレーニング前に飲んだほうが筋合成反応は大きくなっていたという結果が出ています。プロテインを事前に飲むことで、より筋トレ効果が期待できるということです。

プロテインにはいくつかの種類がありますが、その中でもっともメジャーなのがホエイプロテイン（牛乳由来の乳清タンパク質）です。このホエイプロテインはトレーニング前に飲んだほうが筋肉へのアミノ酸取り込みが増えることもわかっています（Tipton ら、2007）。

多くのトレーニーは仕事が終わってジムに行き、トレーニングしてから夕食を食べると思います。しかし、できればトレーニング前に軽食（トレーニング時のエネルギー補給としてのバナナと、プロテインなどでＯＫ）を摂り、それからトレーニングを行って、家に帰ってからしっかり食べるようにしたほうが筋肉には良いと考えられます。

忙しくてトレーニング前に食べる時間なんてないよ！　というトレーニーは、トレーニング中のドリンクとしてプロテインを飲むようにしてみましょう。普段より多めの水に溶かし、水分補給も兼ねつつ、インターバル中に少しずつプロテインを飲むようにするのです。そうすればトレーニング後に飲むよりも早くアミノ酸を供給することができます。

さらには、トレーニング後にもプロテインを摂ることをおすすめします。かつてはトレーニング直後が「ゴールデンタイム」と言われていたと紹介しましたが、それはいまでも無効になったわけではありません。

具体的にはトレーニング直後45分以内にプロテインを補っておくことで、筋トレ開始とともに使わる血中のアミノ酸を補う役割を果たしてくれるからです。

もう一つの理由として、プロテインは一度に多く摂りすぎるとお腹を壊すことがあります。そのため、1回20～30gを1日に複数回に分けて飲むのが効果的だということもあります。

また、第1章で、「筋肉はトレーニング後の休んでいるときに発達する」ことを説明しました。そのため、トレーニング前後だけでなく、トレーニングをしない休息日も、プロテインを飲むことをおすすめします。

◆食事で肉や魚、卵を摂っていれば、プロテインはいらない？

筋トレにおけるプロテインの有効性を紹介してきましたが、このことを伝えると、プロテインを飲まなくても食事でしっかり肉や魚、卵などを摂れれば、筋肉の発達に必要なタンパク質は摂れるのではないか、という反論が返ってくることがあります。

はたして、食事だけでバルクアップ（筋肉肥大）に必要なタンパク質は摂れるのでしょうか。

厚生労働省では、1日に必要なタンパク質量として「体重1kgにつき1g」としています。つまり、体重70kgの人であれば70g必要だということです。

ただし、これは普通に生活をしている人の目安であって、筋トレでバルクアップを目指すのであれば、もっと多量のタンパク質を摂取する必要があります。具体的には、体重1

kgにつき2〜2・2gのタンパク質を摂りたいところです。これは体重70kgの人なら140〜154gと、かなりのタンパク質量になります。

かりに毎食、肉や魚を食べたとして、食べた量のすべてがタンパク質になるわけではありません。たとえば、サーロインステーキを100g食べても、そのうちタンパク質になるのは17・1g（和牛・生）。豚ロース肉で19・3g（生）、トリむね肉で19・5g（皮つき・生）、銀ザケ19・6g（養殖・生）です（『日本食品標準成分表2020年版（八訂）』より）。

もちろん、肉や魚だけでなく、ご飯やパン、大豆製品などにもタンパク質は含まれますが、植物性食品はアミノ酸バランスがよくありません。筋肉をつけるために必要なアミノ酸が少ないのです。

そう考えると、バルクアップに必要なタンパク質量を食事だけで摂るのは簡単ではないことがわかるでしょう。

もう一つ問題があります。

人間の体は、常に体内環境を一定に保とうとする機能＝ホメオスタシスが働いています。

これは血圧や血糖値など体の状態を一定に保とうする働きなのですが、血中のアミノ酸濃度やそれを利用した筋肉の合成も、ホメオスタシスが働いていると考えられています。

つまり、普通に食事をしているだけでは、タンパク質を多く摂っても、血中アミノ酸濃度は一定以上は高まらず、筋肉の合成も思ったほどには進みません。

ところが、消化・吸収のいいプロテインだと、スムーズに体内に取り入れられ、血中のアミノ酸濃度がホメオスタシスの範囲を超えて高い値にまで上昇します。それによって筋肉の合成を強力に後押ししてくれるようになるのです。

これらを総合的に考えると、効率よく筋トレ効果を高めるためには、プロテインは無視できないものであることがおわかりいただけると思います。

◆「プロテインは肝臓や腎臓に負担をかける」というのは本当か？

アンチプロテイン派の中には、プロテインは肝臓に悪いから摂らないほうがいいと主張する人がいます。それは本当なのでしょうか。

実はまったく逆で、プロテインは肝臓にむしろ良い影響を与えるのです。

というのも、日本肝臓学会などでも、肝硬変の患者は健常人より多くのタンパク質が必要とし、１日に体重１kgあたり１・２g摂ることが推奨されています（健常人は体重１kgあたり１g程度）。

肝硬変の患者さんはタンパク質の利用がうまくいかないため、多めに摂る必要があるということです。肝臓が悪い人がタンパク質を多く摂っても大丈夫ならば、健常人なら当然、タンパク質を摂ったところで肝臓に負担がかかることはないはずです。

腎臓に負担をかけるという人もいます。しかしイスラエルで行われたランダム化比較試験「ＤＩＲＥＣＴ」では、低脂肪食と地中海食、糖質制限食のいずれもｅＧＦＲ（推算糸球体濾過量＝腎臓の機能を示す指標）が改善していました。

糖質制限食では総カロリー比におけるタンパク質の量が他よりも多かったのですが、それでも腎機能は改善したのです。また微量アルブミン尿の評価基準であるＡＣＲ（これも腎機能の指標）も糖質制限食において改善が認められています。

日本腎臓病学会の診療ガイドにおいても、軽度の腎機能低下ならばタンパク質の制限は行わなくてよいとされています。

プロテインは「タンパク質」であり、肉や魚に普通に含まれているものです。ちょっと多めに肉や魚を食べるのと違いはありません。「食材そのものではなく、食材から人工的に抽出したものだから不安だ」と言う人がいますが、オリーブオイルやゴマ油も人工的に抽出したものです。

そして何より、プロテインは1950年代には製品化されていました。少なくとも半世紀以上、世界中で何事もなく使われており、もし健康被害があるのなら、とっくに問題になっているはずです。

大量にプロテインを飲んでいるボディビルダーも数多くいますが、特に肝臓や腎臓を壊したという事例を聞いたことがありません。腎機能に問題がないのであれば、安心してプロテインをお飲みください。

◆プロテインを選ぶ際の3つの基準

プロテインにもいくつかの種類があります。その中から、どういう基準で自分に合ったプロテインを選べばいいでしょうか。

・原材料から選ぶ

プロテインの原材料には、先に挙げたホエイ（牛乳由来の乳清タンパク質）やカゼイン（牛乳由来のリンタンパク質）、ソイ（大豆由来）、ビーフ（牛肉由来）、ピー（エンドウマメ由来）などがあります。

バルクアップ効果を期待することが目的なら、ここはホエイ一択。吸収が速く、筋肉合成に必要な必須アミノ酸が多く含まれ、味も良くて水や牛乳に溶けやすいという特長があります。裏のラベルを見て「ホエイ」と書いてあるものから選ぶようにしましょう。

・お腹がゴロゴロする人は

とはいえ、ホエイは乳製品ですので、乳糖が入っています。そのため、アジア人に多いのですが、乳糖をうまく分解できずにお腹がゴロゴロしてしまう人もいます。そのような場合は「ホエイアイソレート（WPI）」とラベルに書いてあるものを選びましょう。乳糖を除去してあるため、お腹に優しいホエイとなります。ちなみに普通のホエイは「ホエイコンセントレート（WPC）」です。

・タンパク含有量から選ぶ

ほとんどのプロテインは「プロテインのみ」なのですが、なかには糖質や脂肪が添加されているものがあります。カロリーを摂ることによって体重増加を狙うもので、「子ども用プロテイン」とか「ウエイトゲイナー」などの名前が付けられています。

しかしそれなら「プロテイン＋バナナ」とか「プロテイン＋おにぎり」などにすればいいだけの話。余計なものを取り除いたのがプロテイン製品の良さなのですから、それにわざわざ糖質や脂肪を付け加えるのはもったいない話です。

プロテインの配合量はラベルに「タンパク質は１００gあたり○g」と書いてあります。これが70g以下だと、ちょっと余計なものが多いと言えます。できるだけ１００gあたり70g以上のタンパク質が入っているものにしましょう。なおＷＰＩは乳糖を除去しているため、90gを超えるものもあります。

◆日頃の食事で注意したい点

ここまでプロテインについて詳しく書いてきましたが、もちろん日常の食事も、筋トレ効果を高めるうえで重要です。

ここでは、筋トレ効果を高めるための日常の食事の注意点を紹介したいと思います。

１．私がすすめる「高タンパク・低脂肪」食材

バルクアップのためには「１日に体重１kgあたり２～２・２gのタンパク質」を摂る必要があると書きました。体重70kgの人であれば１５０g前後のタンパク質量が目安になり

ます。

ただし、これを一度に摂ろうとするのは無理がありますし、体は吸収してくれません。3回の食事、場合によっては間食も含めて、うまく分割するようにしつつ、朝・昼・晩の食事のメニューの中に、肉や魚、卵などタンパク質豊富な主菜を常に入れるように意識するといいでしょう。

また、タンパク質をたくさん摂ろうとして、同時に余計な脂肪も摂ってしまってはいけません。「高タンパク・低脂肪」の食材を選ぶようにしましょう。

筆者が特にすすめる「高タンパク・低脂肪」の食材は、次の3つです。

①卵
②魚類全般（トロは除く）
③肉類（皮を除いた鶏のむね肉、ササミ、牛の赤身など）

筋トレのためにぜひ食べていただきたい食材が「卵」です。卵白だけではなく、全卵で食べるようにしてください。１個で６ｇのタンパク質が摂れるだけでなく、脳の機能を高めるレシチンやアラキドン酸も含まれ、しかも安価。ただし、生だとタンパク質やビタミンの吸収を妨げる成分が入っているため、必ず加熱して食べるようにしましょう。

なお、かつては卵というとコレステロールが問題になりましたが、いまでは食事から摂るコレステロールは気にしなくていいというのが医学界でも通説となっています。


筋トレというと「ブロッコリーと鶏むね肉」のイメージがありますが、決してそんなにストイックな食生活である必要はありません。

もちろんむね肉には筋肉に良い成分がありますし、栄養価としては特にタンパク質が多くて脂肪が少なく、しかも安価だというメリットがあります。

むね肉に含まれる筋肉に良い成分というのは「カルノシン」というペプチドです。ペプチドとはアミノ酸が数個つながったものですが、カルノシンはヒスチジンとβアラニンというアミノ酸がつながったもの。これには疲労回復効果が認められており、サプリメントとしても販売されていますが、むね肉として食べたほうがずっと多く摂取できます。

ブロッコリーにもビタミンB群やビタミンC、ビタミンKなどが多く含まれており、筋トレに有益な、高い栄養価を誇ります。また肝機能や胃の健康を保つスルフォラファンという成分も含まれていて、筋トレだけでなく健康のためにも良い食材です。

牛肉も意識して食べましょう。肉類、特に牛肉には「クレアチン」と呼ばれるエネルギー産生物質が入っており、これを摂ることで筋力が増加したり、筋肉が増えたりすることがわかっています。

また、フェニルアラニンというアミノ酸も多く含まれ、やる気を出してくれることにつながってきます。ミネラルの鉄も多く摂ることができ、これもエネルギーを生み出したり、やる気を出したりするのに効果的となります。

2. 糖質はどうするか？

糖質の摂取によってインスリンが分泌され、筋肉の合成を促すとともにグリコーゲンの回復も行われるため、バルクアップを目指すのであれば、ある程度の糖質は必要です。

ただし、糖質の摂りすぎは、体脂肪に変わって太る原因になりかねません。特に痩せている人でない限り、無理に摂ろうとしなくて大丈夫です。中年期以降は糖尿病のリスクも高まるため、必要以上には摂らないほうが健康面でも安全でしょう。

3．良質の脂肪は筋合成に必要

逆に意識して摂りたいのが「良質の脂肪」です。特に青魚に含まれる脂肪は、ＥＰＡ（エイコサペンタエン酸）やＤＨＡ（ドコサヘキサエン酸）といって、血液をサラサラにしたり、炎症を抑えたり免疫を高めたりしてくれる作用があります。ＥＰＡは、筋タンパク合成を行う酵素を活性化させる作用もあります。

またオリーブオイルやシソ油、エゴマ油なども体に良いものです。油を摂るなら、こうしたものを適量、積極的に摂るようにしていきましょう。

4．筋トレ効果を高めるビタミン・ミネラル

筋肉の合成に必要なのは、何をおいてもまずはその原料となるタンパク質です。しかし、

タンパク質だけで筋肉が作られるわけではありません。

食べ物を消化・吸収した後、エネルギーに変えたり、筋肉を合成したりする際には、人間の体内でさまざまな化学反応が起こっています。この化学反応のことを「代謝」と呼びますが、代謝には「酵素」が必要です。

この酵素はタンパク質でできているので、肉や魚、卵などをしっかり摂ったり、プロテインで補ったりすればいいのですが、問題はその酵素を働かせる「補酵素」が必要だということ。その補酵素の役割を果たすのが、多くの場合、ビタミンやミネラルなのです。

つまり、筋肉の合成には、原料となるタンパク質のほかに、それを手伝うビタミンやミネラルが欠かせないということ。

ここでは、筋肉の合成をはじめ、トレーニングの疲労回復、ケガ予防などに特に重要なビタミンやミネラルを紹介しましょう。

タンパク質とともに、これらのビタミン・ミネラルを意識して摂ることで、筋トレ効果がより高まります。

ビタミン類

●ビタミンA

主な作用	トレーニングで低下した免疫力を高め、病気にかかりにくくする。細胞の成長を助け、成長ホルモンを作るときに必要。粘膜を強くする。肌のみずみずしさを保つ。
不足すると	免疫力が低下する。トリ目になる。目が乾く。乾燥肌になる。発展途上国ではビタミンAの不足のため、毎年50万人もの子どもたちが失明していると言われる。
摂りすぎると	吐き気や頭痛、皮がむける、肝臓が肥大するなど。ただし一般的な食生活では心配ない。またサプリメントで摂った場合も、推奨量の数十倍以上を長期間にわたって摂取したりしない限り、過剰の心配はいらない。なお、食材に含まれる「カロテン」は、体の中で必要な分だけがビタミンAに変わるため、副作用の心配はないとされる。
多く含む食品	肝油、レバー、ニンジン、カボチャ、サツマイモ、卵黄、乳製品など。

●ビタミンB群

主な作用	B1、B2はトレーニングに必要なエネルギーを作る。B1は糖質をエネルギーに変え、B2は脂肪をエネルギーに変えるときに特に必要とされる。B6はタンパク質をアミノ酸に分解するのをサポートする。B 12は赤血球を作り、貧血を予防する。
不足すると	エネルギーや赤血球がうまく作れなくなるため、疲れやすくなる。またB 1が不足すると脚気、B2が不足すると口内炎ができやすくなる。B6が不足すると鬱になりやすくなったり、不眠症になったりしやすい。B 12が不足すると貧血になる。
摂りすぎると	多く摂ったとしても尿に排出されてしまうため、副作用の心配はいらない。
多く含む食品	B1は豚肉や無精製の穀類、大豆、卵黄、野菜類、魚類。B2は乳製品やレバー、豆類、野菜類。B6はレバーや魚、メロン、キャベツ、卵、ナッツ類。B 12は肉類、卵、乳製品、魚類などの動物性食品に多く含まれる。なおビール酵母にはビタミンB群が大量に含まれる。

●ビタミンC

主な作用	「コラーゲン」を作り、筋肉を大きくするのを助ける。肌や爪を綺麗にする。免疫力を強くして、病気にかかりにくくする。コレステロールを下げる。発ガン物質から身体を守る。アレルギーの症状をゆるやかにする。肝臓の機能を強化するなど。
不足すると	ケガの治りが悪くなる。肌や爪が荒れ、歯茎から出血しやすくなる。風邪をひきやすくなるなど。
摂りすぎると	多く摂ったとしても尿に排出されてしまうため、副作用の心配はいらない。
多く含む食品	柑橘類、野菜類、トマト、メロン、サツマイモ、ジャガイモ、ピーマンなど。

●ビタミンD

主な作用	筋肉内にタンパク質を取り込むのをサポートする。筋肉の合成を促すホルモン「テストステロン」を増やす。カルシウムの吸収を促進する。また細胞の分化を誘導し、ガンの発生を予防する可能性がある。
不足すると	カルシウムの吸収が悪くなる。筋力が低下する。
摂りすぎると	高カルシウム血症を引き起こす。食欲不振や腎臓の障害を起こす可能性がある。
多く含む食品	カツオの塩辛、あん肝、レバー、卵、牛乳、キノコ類など。

●ビタミンE

主な作用	酸素を上手く利用できるようになり、スタミナが増す。筋肉を強くする。血液をサラサラにして、心臓病などを防ぐ。細胞の老化を遅らせるなど。
不足すると	疲れやすくなる。生殖機能の障害。筋肉が弱くなる。流産しやすくなるなど。
摂りすぎると	余計な分は排泄されてしまうため、摂りすぎの心配はいらない。
多く含む食品	小麦胚芽、ナッツ類、葉野菜、植物油、卵など。

●ビタミンK

主な作用	血液を凝固させる。骨を強くする。動脈硬化を防ぐ。
不足すると	血液が固まりにくくなる。筋肉や骨が作られるのを妨げる。動脈硬化のリスクが高まる。
摂りすぎると	特に過剰症の報告はない。
多く含む食品	葉野菜やクロレラ、海藻類、卵黄、レバー、納豆など。

ミネラル類

●カルシウム

主な作用	筋肉が収縮する際に必要とされる。細胞間のメッセンジャーとして働く。血液を固める。骨を強くするなど。
不足すると	骨が弱くなる。背が縮む。筋肉が痙攣する。ストレスを強く感じるようになる。
摂りすぎると	疲労感や倦怠感。筋力の低下、口喝、多尿など。
多く含む食品	乳製品や小魚、海藻類、切り干し大根、凍り豆腐など。

●鉄

主な作用	赤血球を作り、酸素を運搬する。エネルギーの産生によってトレーニングのスタミナを増す。抗酸化作用のある酵素を作る。神経伝達物質を作る。
不足すると	エネルギーが不足する。怒りっぽくなったり鬱になったりする。貧血。
摂りすぎると	心臓血管系疾患のリスクを高める可能性がある。肝障害や関節の痛み。
多く含む食品	レバーや赤身肉、赤身の魚、卵など。

●亜鉛

主な作用	ホルモン（テストステロンや成長ホルモン）の材料になり、筋肉を増やすのを助ける。細胞分裂に必要とされる。抗酸化作用のある酵素を作る。免疫反応において情報伝達を担う。
不足すると	免疫が低下する。成長が止まる。ホルモン減少によってやる気がなくなったり、肌の潤いがなくなったりする。
摂りすぎると	頭痛や吐き気、銅とのバランスが崩れることによる貧血、前立腺ガンのリスク増加など。
多く含む食品	牡蠣、レバー、大豆、干しエビ、貝、牛肉、ナッツなど。

●マグネシウム

主な作用	筋肉をリラックスさせ、回復を促進する。エネルギー合成。骨を強くする。心臓血管系疾患や糖尿病の予防など。
不足すると	筋肉がつる。骨が弱くなる。エネルギーが不足する。心臓血管系疾患や糖尿病のリスク増加など。
摂りすぎると	下痢、血圧低下など。
多く含む食品	バナナ、葉野菜、ナッツ類、ココア、アオサやワカメなど。

ビタミンやミネラルにはこのように数多くの種類があり、ここで紹介したのは代表的なものだけです。

食事ではなかなか十分な量を摂りきれないため、「マルチビタミンミネラル」などのサプリメントを利用するのもいい選択です。

◆睡眠は長いほうが良いのか？

「寝る子は育つ」と言われますが、これは成長ホルモンが睡眠によって分泌されるからです。

成長ホルモンは育ち盛りの子どもにだけ必要なのではなく、大人になってからも分泌され、体のさまざまな組織の修復を促すホルモンです。筋トレでダメージを受けた筋肉を回復させ、大きく、強くすることにも関与します。

そんな筋トレの成果にも関わってくる成長ホルモンですが、就寝中ずっと出ているわけではなく、パルス状に（一定の間をあけて脈打つように）分泌されます。特に就寝してすぐに大きなパルスが起こります。

そこから考えると、まとめて寝るよりも何回かに分けて寝る（多相睡眠）ほうが、こと成長ホルモンの分泌に関してはいいとも言えます。力士は経験的にそれを知っていて、朝に稽古をしてガッツリ食べてから昼寝をするという習慣によって身体を大きくしています。

また夜勤と昼勤を交互に務めるようなシフト勤務の方も、多相睡眠のほうが生活リズムを崩しにくく、良いと思われます。

では、トータルの時間はどのくらいがいいのでしょうか。日本での研究（国立がん研究センター、2021年）では、睡眠時間が7時間のグループと比べて10時間以上のグループでは、死亡全体のリスクが男性で1・8倍、女性で1・7倍高くなっています。循環器疾患死亡についても、男性で7時間のグループと比べ、9時間以上のグループでリスクが高くなっています。

つまり、寝すぎも良くないのです。

もっともいけないのは、「睡眠をとらなければいけない」と思い込むことから来るストレスです。

「オーソソムニア」（Orthosomnia）という言葉があります。オーソは「正しい」、ソムニアは「睡眠」という意味で、「正しく睡眠がとれているかどうか」が不安になってかえって不眠症になってしまうという睡眠障害のことです。

明日はテストなのに、まだ眠れない……などと不安になることが、実は一番ストレスになるのです。

「無理に長く寝なくても大丈夫だ」と信じることこそ、本当の意味での睡眠の質を高めることにつながるのではないでしょうか。

◆忙しくて筋トレが不定期にしかできない人は

忙しさを理由にトレーニングをサボりたくなるのは誰にでもあることですが、これは簡単に解消できてしまいます。

その一つが「超時短法」。

たとえば第3章で紹介した胸のトレーニングだけでしたら、自宅で2分もあれば終えることができます。今日は胸、明後日は背中、その次は腕というように毎日2分だけなら、どんなに忙しくても時間を作ることが可能なはず。その点でも、トレーニング時間を究極まで短くしつつ、筋肉に101の刺激を与えられる「レストポーズ法」は、忙しい現代人に最適な筋トレ法と言えます。

いずれにしても、続くようになるポイントは「習慣づける」ことです。風呂に入る前にトレーニングして、それから汗を流す。あるいは夕食を作るときの隙間時間にトレーニングして、終わってからゆっくり食べる、とか。

歯を磨くときのようにトレーニングをライフスタイルに自然に組み込むことで、鍛えることが習慣になってきます。次第にトレーニングしないと習慣から外れて気持ち悪く感じるようになるかもしれません。

平日やるのはキツいという人は、「週末法」を試してみましょう。平日は休み、土曜にジムで胸と背中、日曜に肩と腕、腹を「レストポーズ法」をメインにして、ガッツリやるのです。

週に1回、1つの部位をトレーニングできれば、十分に筋発達を継続させることができます。もちろんジムである必要はなく、家でガッツリやってもOKですが、各部位を週1回となると、ある程度は物理的でヘビーな刺激を与えたほうが有効となりますので、できればジムでやることをおすすめします。

あるいは、この二つをミックスさせることもできます。月曜に家で背中を2分、水曜に家で腕を2分、土曜にジムで胸と肩をガッツリといった具合です。重点的に鍛えたい部位をジムでやり、そうでもない部位は家でやるわけです。

こうした方法がある限り、時間がないというのは言い訳になりません。継続は力なり。短時間でもいいので、とにかく継続していきましょう。

◆筋トレを続けるモチベーション維持の秘訣

「はじめに」でも書いたように、ジムに入会して1年後も続いている人はわずか10％だと言います。最初はやる気があるのに、なぜやめてしまうのでしょうか。

原因の一つは「効果が感じられないから」。ジムに入りさえすれば身体が変わると思って入会したものの、なにをやればいいのかわからず、ジム内をウロウロするだけで終わる人は多いものです。

最初にトレーナーを付けてトレーニング法をしっかり教われればそんなことにはならないのですが、いきなりトレーナーに教わるのは気が引けるという心理も理解できます。最近ではトレーナーを付けてもらえるようなパックが入会時に提示されることもありますので、こちらを利用するのもいいでしょう。

家でやりたい方、トレーナーをつけるのは経済的に難しいという方は、この本の第3～4章のイラストをよく見て、注意書きもよく確認して、フォームを正しく覚え、指定どおりのプログラムを行っていただければ、必ず効果を実感できるはずです。

また、Ｂｅｆｏｒｅ&Ａｆｔｅｒのチェックも大事です。自分の身体は毎日見ていますので、なかなか変化を実感できません。そこで、写真やサイズ計測が役立ってきます。トレーニング開始前に全身の写真を撮り、また腕や脚、胸囲、ウエストサイズなどを測定しておきます。そして１ヶ月ごとに写真やサイズ測定を行い、変化をチェックしていくのです。

そうすれば身体の変化が見た目でも、数値でもわかるようになりますので、モチベーションの維持に役立ってきます。

さらに、できればトレーニングの記録をつけておくことをおすすめします。ノートに書いてもいいですし、アプリを利用してもいいでしょう。今日はこの種目が何kgで何回できたという内容を書いておき、次回のトレーニングではそれを超えることを目指すのです。

できればそのときの体調も記録しておきます。睡眠不足だったり食事がとれていなかったりで調子が悪ければ、記録更新ができなくても問題ありません。逆に体調が良いのに更新できなければ、プログラムになにか問題があるということです。

トレーニング前には、その記録をチェックして、前回はベンチプレスが50kgで10回だった。今日は52・5kgで10回を目指そう！　というようにイメージしておくとなおベターです。

記録をつけることで、トレーニング内容の見直しにも役立ちます。胸は伸びているけど、背中の種目が伸びていないというようなことがわかれば、それに応じてセット数を増やしたり、トレーニング頻度を調整したりするなど、プログラムを改善していくことが可能となるのです。

ぜひ、いつまでも筋トレを続けて、理想の身体を目指していきましょう。

青春新書
INTELLIGENCE

こころ涌き立つ「知」の冒険

いまを生きる

"青春新書"は昭和三一年に——若い日に常にあなたの心の友として、その糧となり実になる多様な知恵が、生きる指標として勇気と力になり、すぐに役立つ——をモットーに創刊された。

そして昭和三八年、新しい時代の気運の中で、新書"プレイブックス"にその役目のバトンを渡した。「人生を自由自在に活動《プレイ》する」のキャッチコピーのもと——すべてのうっ積を吹きとばし、自由闊達な活動力を培養し、勇気と自信を生み出す最も楽しいシリーズ——となった。

いまや、私たちはバブル経済崩壊後の混沌とした価値観のただ中にいる。その価値観は常に未曾有の変貌を見せ、社会は少子高齢化し、地球規模の環境問題等は解決の兆しを見せない。私たちはあらゆる不安と懐疑に対峙している。

本シリーズ"青春新書インテリジェンス"はまさに、この時代の欲求によってプレイブックスから分化・刊行された。それは即ち、「心の中に自らの青春の輝きを失わない旺盛な知力、活力への欲求」に他ならない。応えるべきキャッチコピーは「こころ涌き立つ"知"の冒険」である。

予測のつかない時代にあって、一人ひとりの足元を照らし出すシリーズでありたいと願う。青春出版社は本年創業五〇周年を迎えた。これはひとえに長年に亘る多くの読者の熱いご支持の賜物である。社員一同深く感謝し、より一層世の中に希望と勇気の明るい光を放つ書籍を出版すべく、鋭意志すものである。

平成一七年　　刊行者　小澤源太郎

著者紹介

山本義徳〈やまもと　よしのり〉

1969年生まれ。早稲田大学政治経済学部卒業後、ボディビルダーとして国内外の大会で活躍、優勝経験も数多く持つ。その後、アスレティック・トレーナーとして、ダルビッシュ有、松坂大輔、ニコラス・ペタス、フランシスコ・フィリォなどのメジャーリーガー、プロスポーツ選手、格闘家、オリンピックアスリートのトレーニング指導および栄養指導を担当。また、一般社団法人 パーソナルトレーナー協会理事として後進の育成にも力を入れている。YouTubeチャンネル「山本義徳 筋トレ大学」は、67万人以上の登録者数を誇る。

山本式《やまもとしき》「レストポーズ」筋《きん》トレ法《ほう》　青春新書 INTELLIGENCE

2023年9月15日　第1刷

著者　山《やま》本《もと》義《よし》徳《のり》

発行者　小澤源太郎

責任編集　株式会社プライム涌光

電話　編集部　03(3203)2850

発行所　東京都新宿区若松町12番1号 〒162-0056　株式会社青春出版社

電話　営業部　03(3207)1916　振替番号　00190-7-98602

印刷・中央精版印刷　製本・ナショナル製本

ISBN978-4-413-04679-4